好
孩子培养秘籍
——家庭教育必备书

吴澎 ◎ 著

中国健康传媒集团
中国医药科技出版社

内容提要

每个孩子都是可以精雕细琢成美玉的璞石，当你面对孩子的不当言行焦头烂额时，当你羡慕别人的孩子乖巧听话时，你有没有反躬自问：自己是不是一个好妈妈？请在你想拥有一个好孩子之前，先学会如何做一个好妈妈。

这是一本符合中国国情的好妈妈引导书，从孩子的孕育、出生、起名、读书、交友、习惯养成以及容貌、身材、气质的培养等方面，告诉你如何从生活的各个细节培养出积极上进的好儿女。同时，针对近年新出现的二胎三胎教育、新冠疫情期间家里养"神兽"、"双减"政策出台后学习辅导等问题，书中亦有详细叙述。

这是妈妈们不可错过的一本好书，打开这本书，让你做个不会后悔的妈妈。

图书在版编目（CIP）数据

好孩子培养秘籍：家庭教育必备书 / 吴澎著. —北京：中国医药科技出版社，2022.9

ISBN 978-7-5214-3340-1

Ⅰ.①好… Ⅱ.①吴… Ⅲ.①家庭教育 Ⅳ.①G78

中国版本图书馆CIP数据核字（2022）第140593号

美术编辑 陈君杞
版式设计 南博文化

出版 **中国健康传媒集团** | 中国医药科技出版社
地址 北京市海淀区文慧园北路甲 22 号
邮编 100082
电话 发行：010-62227427 邮购：010-62236938
网址 www.cmstp.com
规格 880 × 1230mm $^1/_{32}$
印张 8 $^1/_4$
字数 183 千字
版次 2022 年 9 月第 1 版
印次 2022 年 9 月第 1 次印刷
印刷 三河市万龙印装有限公司
经销 全国各地新华书店
书号 ISBN 978-7-5214-3340-1
定价 **49.00** 元

获取新书信息、投稿、为图书纠错，请扫码联系我们。

家里那盆紫色的瓜叶菊是在花市上花五元钱买的，颇投眼缘，一下子就看上了那些盛开了的粉紫，回家又刚好跟乖乖房间深深浅浅的紫搭配了起来。

乖乖爸不以为然这种不值钱的草花，我兀自欢喜，感觉倒比那些名花异草更让人喜爱。

他叮嘱我，阳光和水缺一不可，我满心欢喜地每天勤浇水。

有天在外面住了一晚，第二天下午回到家，不过才一天没浇水，瓜叶菊的花叶竟全部枯萎了，痛惜不已，大叫着眼泪都要出来了。

乖乖爸指挥赶紧浇水，也许还能挽回。

殷勤地浇了水，心下只当这是死花当活花浇灌了。

神奇的是，不到两个小时，那些花叶居然像被神仙点过，全都舒展开来，重新焕发了生命力。看着这水灵灵的花，心里充满失而复得的惊喜。

不由感叹，如果女人的容颜也能如这花般，抹上神奇的药水就能娇颜永驻该有多好。

又想到养花岂不是正如养孩子，别人眼里平凡不过的种子，就是我们自己如获至宝的掌上明珠。不同的教养方式就能开出不同的花朵，父母付出多少就能收获多少。

源自父母天性的爱就如水之于花，在充满爱的环境下成长起来的孩子就能善良温柔。

父母对孩子理智的教育就如阳光，经过精心循循善诱教养引导过的孩子就能大方开朗，彬彬有礼。

如果养花，就细心呵护。

如果生养了孩子，就要无愧于父母的职责。

阳光与水，恰如父母的理智与爱，我们要时刻注意缺一不可。

时间过得这么快，转眼间距离《好妈妈成就好孩子》出版的时间已经近十年了，很多家长都在问我：乖乖的现状怎么样了，对现在的二胎三胎教育、对疫情期间家里养"神兽"有什么看法，面对国家的"双减"政策妈妈该怎么办？

在这几年里，我们国家发生了天翻地覆的变化，国家富强了，老百姓物质生活水平提高了，大家都更加关注孩子的教育问题，政府也加大了这方面的投入和管理。我们国家颁布了《中华人民共和国家庭教育促进法》，从2022年1月1日起就开始实施了。我们山东省教育厅成立了专门的家庭教育专家团，我有幸作为其中的一员，在不断地学习充电，去各地进行家庭教育讲座。

当年《好妈妈成就好孩子》出版时乖乖还是一个高一新生，其后，十五岁时她考上了南方科技大学，四年后十九岁的她顺利申请到美国德克萨斯大学的全额奖学金直博，如今已长成了博士三年级的大人，遇到了相爱的人，跟我们一样过着普通人平淡幸福又充满了各种不确定的生活。

国家计划生育政策逐步放开后，很多新妈妈都在说：二宝就是大宝的照妖镜，二宝不仅长得漂亮、聪明，还都情商高，特别会看眉高眼低，比大宝会哄妈妈开心；大宝正值青春期，各种不听话，讨厌弟弟妹妹是马屁精，就会讨好家长，埋怨大家都关注二宝、三宝，冷落了自己，等等。疫情反复，在家里上课的"神兽"们让家长束手无策。国家不让办补习班了，孩子的学习难道让我们自己辅导？针对这些问题，妈妈该怎么做，我在书中都会详细叙述。

不管有几个宝贝，做一个理智的妈妈，把握孩子发展的大方向，具体事情放手让他自己去尝试。爱孩子要有理智，有原则。既然做了家长就要尽力去做一个合格的家长。比如我想让自己的孩子善良、开朗、热情、热爱阅读、懂得感恩，那么在平时的生活点滴中，家长就该在涉及原则时牢牢把握住，能够在一些关键时刻客观地去考虑并处理问题，始终克制着自己要有针对性地对孩子进行长远教育，不能凭着自己的情绪图一时的口头之快。

根据孩子特点，制定自己的家教原则，不是这学期考多少名，而是把握大方向，比如争取让他成为爱阅读的人。根据这个原则可以制定一系列的措施如选书、购书、陪伴阅读、鼓励讲述，等等。

　　不要只把孩子丢给各种补习班，指望别人替你管教孩子，只要有做一个理智好妈妈的意识，你肯定能教育出一个对社会、家庭都有用的好孩子，现在就让我们翻开书，行动起来吧！

吴澎

2022年4月

《好妈妈成就好孩子》| **前言** |
——做个成功的好妈妈

　　女人聚在一起八卦时经常听到这样的话："我真后悔女儿小的时候我没有……"许多成功女性在被采访时或在自传中也深深后悔孩子小的时候自己没有尽到一个母亲该尽的责任和义务。这还是好的，最可悲的是这样一个人数不少的群体：每天忙忙碌碌，唠唠叨叨，没有自己的生活，全身心都扑在孩子的吃喝拉撒睡上，然而孩子不领情，毫不掩饰对母亲的厌烦和鄙夷，明明都知道对方是这个世界上应该与自己最亲的人，母子关系却紧张得如敌国对峙。在中国最常见的是这样的情景：独生子正值青春期，暴躁易怒、不愿意跟母亲交流，对外人尚能自制，对自己的妈妈态度分外恶劣；妈妈小心翼翼，不敢公开询问孩子的情况，又不放心地偷偷刺探。在外人面前一边不好意思孩子对自己的不善态度，一边又自我安慰地解释青春期的孩子都

1

这样，看谁谁谁家的某某某不都这样过来的吗，大了自然就懂事了。这段母亲如履薄冰，母子势同水火的日子短则两三年，长则七八年，不幸的能延续终生。

这段时间对妈妈来说是心力交瘁的日子，那种付出了不被认可，受伤了舍不得责怪，一心只求他快快长大能懂得母亲的无力感实在让人悲哀。

殊不知，这一切的果，都是妈妈自己种下的因。

孩子可以懂得感恩，即使在青春期也不让自己最爱的妈妈伤心；孩子完全可以知道在这个世界上最信赖的朋友就是自己的妈妈，不管发生什么事妈妈都会与自己站在一起共同面对；孩子应该明白，妈妈所有的付出只是为了让自己的生活更美好，这是自己的生活自己的路，本来该自己摸爬滚打地去体会，妈妈只是心疼自己尽可能减少自己的痛苦委屈。

然而妈妈没有给孩子这些机会，在他可以懂得、明白并学会感恩的时候。

我不知道世俗是如何定义一个成功的好妈妈的，我的女儿只有十三岁，还没有考大学，我无法用哈佛、剑桥的光环去归类她是否是一个成功的孩子，也不想用她八个月就会识字、十三岁上到高二来鉴定自己的教育方式，因为这些对一个妈妈来说并不重要。

重要的是我的女儿在成长的十三年里从来没有带给过家人一点伤害，她善良、感恩、开朗、热情，从没有因为个人的情绪歇斯底里地发火哭闹，相反在我们夫妻偶尔闹矛盾时，她会客观理智地给予分析指导；她爱自己的爷爷奶奶、外公外婆，知道孝敬老人，知道尊敬师长，知道善待朋友，知道关爱动物、爱护环境，知道热爱自己的祖国、热爱自己的家庭和爸爸妈妈；她对人礼貌热情，知道艰苦朴素，从不与人攀比吃穿；她知道自己将来的生活质量要靠自己现在的勤奋努力获得，也知道享受生活中美好的瞬间，让自己始终保持快乐的心情。

这一切都让我真实地感到作为一个女儿她是成功的，而作为一个妈妈我也可以问心无愧地说我是合格的。

在看到很多妈妈为自己的孩子焦虑时，我很想告诉她们如何去做，但是作为一个已经四十岁的人，我也知道中国人要面子，不容别人置喙自己的家事，不容别人否定自己的心肝宝贝，只有自己挣扎等待着苦尽甘来。

所以我决定写这本书，结合自己阅读过的所有教育资料，结合自己在养育女儿过程中的心得，不是为了炫耀自己的孩子，因为她确实只是个普通的女孩儿，而是想让更多的妈妈知道，小棉袄贴不贴心关键在于妈妈自己的作为。

如何定义"成功的好妈妈"？

自己回首过去不后悔，孩子回顾自己的成长历程充满感恩；孩子自立自强，有益于社会并享受自己的生活状态；母子感情真挚和谐，终生互为心灵依靠。

能做到这样，就是一个成功的好妈妈。

我们完全能够在成就自己事业的同时，做一个成功的好妈妈。

看完这本书，相信你会有所启发。

吴澎

2014年8月

目录

第一章

零岁方案

关于新生儿的那些事儿

在生育孩子之前，准妈妈一定要多看相关书籍，做好充分的准备，不要迷信医生，认为自己住进医院就一切听医生的。医生比我们多的不过是基本理论知识和实践经验，也就是他经历得多了可以依照经验进行判断，而那些最新的科学知识他们也跟我们一样是通过查阅文献获得。所以准妈妈们不妨自己多查阅最新的相关文献，做到防患于未然，不至于像我们这一代人一样盲目迷信医生权威，留下许多遗憾。

我生育乖乖前，我们市中心医院的一个老年女大夫将我们几个待产的准妈妈和准爸爸们集中到她的办公室里对我们进行了一次洗脑："要科学地喂养婴儿，不要给新生儿喂一口水，所有的细菌和病毒都来自于水，这是最新的科学研究。你们回去一定要坚持做，不要理会家里老人陈旧的观点，她们无法接受新理念，你们自己的宝宝自己要爱护。"

OK，在那个年代对医生的权威盲目迷信的我们遵医嘱照做不误。产后两天我都没有奶，我们坚持不给乖乖喂一口水，任她饿得哇哇大哭，老父亲心疼地抱着孩子说："嘴唇都干了，哭这么厉害，给她沾点水不行？"我俩齐齐摇头："最新科学研究，新生儿不能喝水！"

后来我才知道我们把自己唯一的宝宝做了一次实验牺牲品。几年后我看了一篇医药科技论文，上面就驳斥了"给新生儿喂水有百害而无一利"的观点，称之为谬误。那个老年女大夫大概是看了相关的论文，于是也不顾自己多年的妇产科医疗经验，就当作圣旨照搬给无知的我们，反正不是自己的孩子，对新生儿也没有什么过大的伤害，还显得自己与时俱进，今天想来真是悲哀啊。

乖乖从小胃口就很大，我始终相信是出生三天没吃东西饿得。

不知道现在的医院妇产科是否很人性化地服务到位了。有些基本知识医生不宣传讲解，产妇一窍不通。我刚生产没有奶时问一个护士怎么办，她说按照传统的方法吃猪蹄喝鲫鱼汤等着下奶。第三天看宝宝实在饿得不行了才去问另一个护士，她过来用力挤着我的奶头，疼得我呲牙咧嘴，她训斥："怎么没有奶？！这不是奶吗？这是最宝贵的初乳！"乖乖终于在出生三天后喝上了母乳，确切地说吃上了第一口食物。

我起初问的是一个年轻的护士，她不知道，再问老护士就有经验了。当然我现在知道的是孩子一出生就让她吮吸乳头，这样会自然地刺激下奶，还能早培养母女感情，给孩子以安全感。

国内生产都是不允许家属陪伴的，以前甚至是将宝宝放在婴儿室定时抱过来让妈妈喂奶，而不是在住院过程中母婴始终在一起。不知道现在变成什么样了，但是每当看到国外的丈夫陪伴着妻子一起经历生育过程总是非常感动，那样对夫妻双方来说都是难得的经历及相互的安慰，肯定会增进彼此的感情。

妈妈是否欢迎你的孩子

那时我还没结婚，我的一个同事，一个比我大十岁的姐姐要去美国了，我去她家送别聊天。她的女儿西西当时五六岁，性格特别好，嘴甜，与人亲近却不缠人，没有女孩子的那些小性儿。我问同事西西的性格怎么会这么好，她给我透露了一个秘密：生产的时候不要哭喊，心里叫着宝宝的乳名喊加油，让宝宝感觉到妈妈是真心地欢迎她。这样还能节省体力，到时候你试一下，宝宝长大了肯定性格好！

这句话对我影响很大，别人可能一笑了之，我却真的身体力行了，不管这个方法是否那么神奇，我的乖乖性格却是真的非常好。

电影电视上那种撕心裂肺的生产场面一度给我造成了极悲观的影响，我深信生产就是女人要过的鬼门关。然而有次朋友的姐姐孩子满月我去看望，她对我询问生产是否特别痛苦时淡淡地笑着回答："这是一种瓜熟蒂落，是人的本能，没有想象中那么艰难。""瓜熟蒂落"这个词很奇妙地安慰了我，我对生产的恐惧淡去。

民间有句俗话说：孕妇不看产妇。

意思是看了产妇对自己生产不利，我们是受"无神论"教育长大的一代，完全可以认为这是无稽之谈，然而事实却让你不得不对老百姓几千年来总结的一些生活经验俯首甘拜，当然我们也可以解释为碰巧。

事情是这样，我怀孕离预产期还有八天时，隔壁楼道的朋友生子从医院回来了。我想如果现在不去探望她，等我生产坐月子完事就得等很长时间了，所以就去看了她。她给我讲述了生产过程中的不顺，骨缝开全了又做了剖宫产。我替她叹息：早知道这样还不如一开始就手术呢！

说得轻巧，后来我的经历印证了什么叫站着说话不嫌腰疼，这个我们后面再提。

从她家出来，丈夫陪我到院门口散步，正巧看到有卖菠萝的，刚过完正月十五，街上卖水果的比较少，碰到了我就买了回家吃了，那时我尚不知菠萝是催产的。

结果当晚十一点多我破羊水了，按部就班地到医院，我在待产室里辗转反侧，一直到第二天，全家人都来了，隔一段时间我被告知开了几个骨缝，中间还喝了老父亲送来的鸡汤。待产室里人来人往，大概有四五个产妇。有个年轻的产妇大声呻吟，被医生呵斥："叫什么叫？忍着，谁没生过孩子啊！"大概她们每天司空见惯了生产场面，很厌恶这样的聒噪。

我在心里默默叫着："乖乖，加油！乖乖，加油！"一声不吭，阵痛确实难受，但是当你平静体会时也确实没有痛苦到那么无法忍受。我感觉，情绪的表达是可以夸大并反过来影响下一步情绪的。我流产时也大声哭喊过，好像越哭叫越痛苦，那种宣泄被无限放大，还有向守在一边的丈夫撒娇、埋怨的意味。这一次不同，我要做妈妈了，我不再是被安慰的那个人，我是宝宝的守护神，我要尽自己最大的努力为她的到来做好准备。

深呼吸，配合医生的指导做一切我能做的动作。那个呵斥病人的女医生走过来像老师教育学生一样对满屋待产的妈妈说："看人家！节省体力，哭有什么用！"这表扬也确实鼓励了我，我更如小学生一样听话，不声不响地自己使劲儿了。以至于后来丈夫常常说："你真让我刮目相看，那么娇气一个人，平常碰一下胳膊腿儿都要流泪的主，居然生孩子没吭一声，佩服啊佩服！"

终于经过一整天，晚上六七点钟，十个骨缝都开全了，我激动地等待着孩子的啼哭，在半迷糊状态中听到助产士说："不行，出不来，这是下巴颏儿吧，挡着了！得做手术。"

我终究是受了两重罪，在迷迷糊糊中，有人推我说："看看！女儿哈，很健康，十分！"我勉强睁开眼睛看到那个静静闭眼躺在医生手上的小肉团，脑子里浮现出一个词"面如满月"，就昏睡过去了。

乖乖提前了一周出生，皮肤却一点没有新生儿的皱巴，光洁得像出了满月的孩子，我心想：这下好了，最起码叫雪凝没有人笑话她了（这个梗我们后面马上提到）。

所以我要提醒还没有生产的妈妈们，给孩子起好乳名，在生产时呼唤他，真心欢迎他，母子心灵是相通的，他会回报你意想不到的惊喜。

给孩子一个美丽的名字

很多人认为：宝宝的名字只不过就是一个代号罢了，其实叫什么都可以叫上一辈子。只要叫着顺口就可以了，只有宝宝健康才是最重要的，名字叫什么都无所谓的。

我不同意这种观点。宝宝的健康当然重要，在健康的基础上，给孩子起名字更寄予了父母对孩子的期望和美好的祝福。

一个美丽的名字令人读来朗朗上口，想起来回味无穷。这样，良好的第一印象就自然而然留在他人的脑海之中。每次一提到你的名字，对方都会迅速产生种种美好联想：高贵典雅、清新可人……产生了未见其人先闻其名的效应。像是取自《诗经》里的名字"桑沃若"，我一直想把这个名字当作将来自己准备写的小说的女主人公的名字，单看这个名字，就已经有了其人风姿绰约或丰神俊朗的联想。我一个同学的女儿叫"云起"，这也是个寓意深远的好名字。历史人物中像是"清照""如是""弃疾""居易"，这都是含义丰富又简单大气的名字。

名字的审美标准中，性别是一个重要的因素。试想，如果有人介绍相亲，小伙子第一次与姑娘约会，只闻姑娘芳名，他更愿意选"张二军""刘猛"，还是"王雅静""田淑颖"？

我的名字单字是个"澎"，这不是一个常用字。现在作为一个成年人我能够体会父母给我起名字时希望我拥有澎湃的生命活力而不是碌碌无为的良好愿望，并能够欣赏接受它。然而在童年，这个男性化的名字一度困扰烦恼我，使我数度想改成女性化的名字。

我本身是特别感性的人，喜欢风花雪月，喜欢那些美好柔婉的名字，喜欢我的爱人在低唤我时是柔肠百结充满怜爱的，这大概也是爱做梦的少女们的共同爱好。想起年少时读过席慕蓉的诗，有一句仿佛是：给我一个美丽的名字，好让他能在夜里低唤我。那时就想，将来我要有个漂亮的女儿，要给她取一个美丽的名字，要教给她如何做一个美好的人，期待她遇到能珍惜她的爱人。

姓名是我们每个人的第一张名片，虽然只是个文字符号，但一个美丽的好名字对一个人的健康、婚姻、事业都会有极强的暗示力，能给孩子好的暗示导引，使他们激励上进，奋发图强，力争上游，为他们的事业成功助一臂之力。一个响亮的、优雅的、有品位的名字有利于社会交往，提高亲和力，增强人际关系，有利于事业发展。

姓名学不是迷信，而是渊源于我国古代诸多先贤哲学思想的国粹。姓名学是一门综合性的学科，它融汇了历史学、民族学、民俗学、社会学、文化学、语言学、文字学、心理学、符号学等多种学科的精髓，体现了汉字的优美和中华民族的传统文化魅力，是社会文明进步和文化水平提高的重要标志。

孔子说："名不正则言不顺"；苏东坡说："世间唯名实不可欺"；严复说："一名之立，旬月踟蹰"，都道出了姓名对人的重要性。

现在的父母大多都非常重视儿女的起名，往往上网征询、下载软件问凶吉甚至花重金请专家命名。我也曾经在别人的请求下给人提供过我认为不错的名字。

我个人认为，不能迷信一个吉祥的名字是调整命运的一个有效方法，现实生活中我们每个人的命运由太多的细节决定，这绝不是起个好名字就能一劳永逸的。

然而我们且不去深谈汉字所蕴含的八卦意念及汉字所潜藏的很多尚待开发的奥妙和信息，单就父母的角色来说，孩子是我们孕育的宝贝，我们创造了他的身体，自己再给孩子起个美丽的或者响亮的名字，这是多么美妙的一件事啊。

尤其是妈妈给孩子起个乳名，就如俗话说的：谁起的乳名跟谁亲。若想我们的小棉袄贴心，做妈妈的你先给孩子起个让你一想起来就柔情似水的乳名吧。

给乖乖起乳名时是因为两个原因：其一，我母亲是济南人，济南话里对表现好的孩子会称之为"乖乖"。说实话我从小是个不省心的孩子，一点儿不像乖乖这么懂事，给母亲惹了很多麻烦，母亲称我为"乖乖"的次数屈指可数。但是就是这有数的几次，也让多愁善感的我体会到了母亲对我的亲昵和肯定。当我孕育自己的宝宝时，我就想让她天天能听到我对她的肯定和赞美。其二，我认为一个人的名字会带给她很强烈的心理暗示。隔壁邻居的儿子乳名叫闹闹，他的闹腾实在是让大人都头疼。我小学同学中最调皮的那个男生，乳名就叫皮皮。我不知道是名字决定了他们的性格还是性格使他们得到了乳名，总之生活中的名副其实真的不少。我上面有两个姐姐，小名叫多多，又行三，所以家人喜欢叫我三多。我的两个同样作为三女儿的同学也有一模一样的小名。我对这个名字深恶痛绝，甚至一度觉得非常屈辱，感觉自己是一个多余的不被欢迎的人。我甚至认为自己的不够自信就是源于这个名字。所以我一定要给女儿一个表达积极肯定的名字。关于女儿的名字，我们两口子在起名的过程中争论不休，但是这个乳名是我一锤定音，不管丈夫多么反对，自怀孕之日起我就这样轻唤我的宝贝。公婆不喜欢这个名字是因为在新泰方言里，这个名字的发音跟蛐蛐类似，所以直到今天，他们一直叫她凝凝。

在不知道孩子性别时我们起了好多备用名字，因为丈夫姓周，结合这个姓，我准备了斯达、亦恒等，斯达是星星的英文，是因为我怀孕时梦到了紫微星，就想纪念一下，当时想，叫"周星"什么好呢？想来想去周星驰是最好的，难怪成了明星，人家用了，我也只能望"星"兴叹了。亦恒是由那句"野渡无人舟自横"化来的。准备最多的还是女孩名，从公婆的角度考虑，出于中国的传统，他们自然喜欢男孩子；从我的角度考虑，如果今生我没有一个女儿的话实在是太遗憾了。我从少女成长时期就默默总结着自己的心路历程及处世经验，我太想有个女儿能分享我的人生经验了，或者说，从那时起，我就已经开始为这本书做准备了。女孩的名字我喜欢采薇，但丈夫反对，说太闷了不够朗朗上口。我喜欢这个凝字，想着中间搭配个什么字呢，"香"字俗了点，"书"字与"周"字都是平声不够抑扬顿挫、跌宕起伏，"诗"字怕她长大了被小朋友故意读成"屎"，一直到最后也没定下来，倒是备用了另一个"紫翘"以纪念那个至今回忆起来栩栩如生的梦。恰好2000年生她之前，下了一场很大的雪，就用"雪凝"吧，冰清玉洁，我们俩的名字里都有水，她算是我们凝结而成的。

只是丈夫还犹豫："雪凝啊，一听得是很白的女孩子，万一她很黑别人笑话她怎么办？"这个犹豫也是有典故的，我们俩都属于不黑也不白的一般人，两边家庭里恰巧爷爷和外公都特别黑，奶奶和外婆都特别白，谁知道哪个基因会起作用啊。

有同学是做交通事故鉴定的，一听这名字说不好，感觉像"血凝"，我说也成啊，不就是爸爸妈妈的心血凝成的嘛。就这么争论着犹豫着，我提前一周生产了。最兴奋的莫过于乖乖的姨表姐熙熙了，她之前就对着我的大肚子请求："小姨，你给我生个小妹妹吧，要扎小辫儿的！"那年她五岁，心愿得成喜不自胜，每天从幼儿园回来都先到我们家，刚进楼梯口就听她喊："雪凝！"我们一直犹豫不决的名字就在五岁姐姐的坚定中这么定了下来。

我的英文名字是Ivy，与当地人初识自我介绍时，他们多会笑着说Ivy是很英国化的名字。选这个名字要十年前了吧，因为喜欢她的寓意，当时尚不知自己还将有段英国的生活。英国的常春藤随处可见，再荒芜的野地里也能觅到一株熟悉的绿叶，有种让我钦佩的顽强的美。情绪低落时，面对这抹绿会默默鼓励自己，在这个世界上，作为一棵植物，阳光、空气、水固然都是必不可缺的，更重要的是自己要不断地汲取营养，不管是长在人家花园里还是野地上。

乖乖的英文名字Violet是我美国的导师Walker先生给她起的，那时乖乖还小，很害羞的女孩儿，Walker说要好好想想，取一个跟她相符合的名字，就想到了紫罗兰，恰巧跟乖乖曾经的备用名紫翘不谋而合。我一度因为这个名字不太好发音想给她换个Anny这样简单又动听的名字，她不愿意，坚持用这个她非常喜欢的名字。来英国后，大家都夸她有个美丽的名字，当然是出于英国式的客气，但是她很乐意别人对她名字的夸赞，也很感谢已经去世的 Walker 爷爷给她起的这个名字。

给孩子起个美丽的或响亮的名字，给他的人生一个美丽的开始，对妈妈来说就如织梦一样的美好。

那些不堪回顾的惨痛教训

现在回忆起怀孕阶段及宝宝幼儿期自己犯的一些错误，只能痛惜自己早生了十年。

我们这一代大概是社会发展过程中夹缝里作为试验品牺牲最多的一代。我们的母亲孕育我们时，穿棉衣、吃天然食品，尽管也有对抗生素无知而造成了20世纪70年代初一代人特有的四环素牙，但那时候大气污染不严重，农药、重金属残留还未露出狰狞的面目，我们的母亲们完全可以循从中国几千年传统的保胎经验来顺其自然。

到了我们的下一代，她们已经通过互联网等各种媒介了解了太多的相关科学知识，曾经对我们来说是天方夜谭的观点对她们来说已经司空见惯。

只有我们这一代，技术在飞快地发展着，科学普及却没有做到位，我们认为比自己的母亲懂了太多的知识，其实是在愚昧地用自己在中国这个国家也许终生只有一次的孕期做着实验给后人留下教训。

这不是我们主观能够把握的，所以只有痛惜，我们连后悔的资格都没有。

我结婚时定做的家具，是我和丈夫一起兴致勃勃地按照我们憧憬的温馨小窝的样子设计的。比如我喜欢买衣服，贴着整面墙定做了衣柜，下面可以盛放很多东西。还有上面可以当沙发和床的充分利用了小屋拐角的地台，使用的过程中我们也感受到了实用和我们所追求的浪漫。但是我们没有意识到当时我们还蒙昧无知而现在已经妇孺皆知的甲醛危害，给我女儿的身体造成了一直持续到现在的伤害。

刚安装家具时，我们就闻到了强烈刺鼻的味道，但是那时觉得新家具都这样，我的衣服全放在每次打开都刺激得我流泪的衣橱里。现在大家都知道的，装修过的房间、新家具需要晾两个月才能居住等常识，及放些花草能够减缓等措施，那时的我们一无所知。这气味在家里飘散了几年才逐渐消失，这几年包括了我们新婚、怀孕、生子和宝宝成长的最关键阶段。

乖乖从断奶开始每个月感冒一次，小时候打针、住院都是常态，我们也为此付出了大量的精力。孩子长大后，甲醛的危害性知识得到普及，我才知道我们都是受害者。当然还有一点不能否认，我跟丈夫的身体素质都不太好，都是小病不断的人。这就需要更往前追溯，谈对象时尽量找健康的人，不过这仅仅只是客观冰冷地去分析。当两个人相爱了，这都是不值一提的小方面，根本成不了阻碍结合的理由。

说到乖乖的感冒，就不能不提另一个惨痛的教训：滥用抗生素。

现在紧张的医患关系都使我们开始怀疑医生的业务和道德水平，甚至夸大了对医生这个群体所持有的职业道德的鄙夷。

当年我们没有自己的观点，对医生的信赖是盲目的，医生的处方药对我们来说就是照做不误的圣旨。在那样的情景下，乖乖每次感冒吃了多少抗生素我都不敢回顾，还不算打先锋霉素过敏导致昏厥抢救等意外状况。

当然现在我们都已经知道抗生素的危害性，也知道病毒性感冒用抗生素根本无效这些基本的常识。

在英国时一个女学生给我说，她从国内回英国之前感冒了，急着打了几天吊针赶回来的。回来跟英国的老师聊天时说起这个，那个老师觉得匪夷所思：感冒还需要打吊针？！英国的概念就是感冒了多喝水多休息，实在发烧难受了医生会给你开上一点药片，绝大多数时间需要你自己扛过去。对我们感冒的那种普遍情况：去医院先交钱挂号，医生让你做一圈儿仪器检查，排除了各种乱七八糟的疾病，最后判定你是感冒，再花一两百元拿一大堆药，英国人会像是听传奇。

有几天我总是瞬间地头晕眼花恶心，国内的亲友都说这可不能忽视赶紧去医院看看。于是我预约了医生，医生非常耐心地询问症状及病史，用简单的手动仪器测血压，检查眼底、耳底、颈椎，听心跳，一切正常。在病例上记下细节后他说，你这是前庭神经炎，源于病毒感染。好多人都有这种经历，没有什么可担心的，可以吃药，如果我需要就给我开，但是药的副作用是嗜睡和口干，所以不建议我服用。过段时间症状会减弱直至消失，也就是能自愈。叮嘱我多喝水，多休息，自己走路时不要猛转头或回头以防发生危险。把关于这个病（我理解的就是一种感冒）的资料共四页纸打印出来给我，告诉我如果过一阵子不见好转再来就医。但是正如他所说，两周后我自愈了。

这些经历更使我常常回顾乖乖自小到大吃的各种抗生素，因为吃青霉素对咳嗽无效再转红霉素而使她恶心吃不下饭，种种情景不堪回顾，痛惜因为妈妈的无知而使宝宝受了那么多罪。一直到今天，尽管我们一直在鼓励乖乖打羽毛球、跑步、游泳，进行多种体育锻炼，她的身体还是比较瘦弱。

我把自己的惨痛教训贡献出来，是想提醒妈妈们，今天你知道了甲醛、抗生素的危害性，但生活中还有许多潜伏在我们认知之外的蠢蠢欲动的危害在我们尚不自知的情况下吞噬着我们的健康。我们不能被动地怨天尤人，因为这是人类发展不可避免的牺牲，只有主动地多去汲取知识以更好地做好自我保护。

第二章

妈妈跟你一起长大

——幼儿时期的教育

夸赞美丽的女儿全家都开心

记得当年看《哈佛女孩刘亦婷》时，她妈妈总结了一句话非常好：做爸爸的多夸女儿，让她从小适应异性的夸奖。

这是非常有道理的，都说女人是听觉动物，男人的赞美对女人来说算是所向披靡的工具，尤其在人前真心地夸赞自己的老婆，那她上厅堂下厨房，怎么伺候丈夫也甘之如饴。可惜世上很多愚蠢的男人，生生地用埋怨和鄙夷及对别人家老婆的艳羡把自己的老婆变成了唠唠叨叨歇斯底里的黄脸婆，当然这是另一个话题了，我们转回来，先说夸女儿。

女孩子小时候你总是夸她漂亮可爱，周遭的亲朋好友也这样夸奖，小孩子会越长越漂亮；要是说她长得不好看，好看的孩子也会越长越难看的。这是心理暗示的作用，一方面妈妈有针对性地夸自己女儿哪个部位特别周正，一方面引导爸爸学会泛泛地夸自己的女儿漂亮可人，让自己一见就开心。这样女儿能够越来越好看，长大了对异性的夸奖也能增加免疫，不至于被个只会花言巧语的男人三夸两夸就头脑发热地跟人走了。

然而夸赞也是需要技巧的，不能盲目地夸赞。我见过这样的母女，女儿长相确实比较个性，算得上丑女了，但是妈妈人前人后地就爱说："像她这样长得漂亮的女孩子"如何如何，旁观者很尴尬，最可惜的是带给女儿一种错觉，盲目地自信自己是个独特的美女，在日常社交生活中的言谈举止未免就让人觉得比较二，且一旦受到来自异性的否定，就会接受不了。

现实生活中天生丽质的美女还是少数，大部分是长相平平的女孩子。但是每个女孩子身上都有引以为傲的一部分，或者肤白或者腿长或者腰细，做妈妈的从小养大女儿，自然最清楚自己女儿身上的优缺点。有针对性地鼓励女儿学会通过穿衣打扮展示自己的长处，掩饰自己的短处。

乖乖小时候长得不漂亮，小眼睛，鼻梁还没挺出来，小嘴有点地包天，胖胖的脸，幸好还白，能遮遮丑。一岁之前见她的人没人夸她漂亮，连出于客气的都没有，都只夸她聪明。只有我们做父母的坚信自己家有个小美女，爸爸的夸赞是莫名其妙地对前世情人的天生肯定，看她睡在那儿眉目周正就会喜不自胜地说："她长得多么漂亮啊，真是个睡美人啊！"之所以这样说，是她醒来后实在太过普通，不值得称赞。

作为妈妈的我是比较理性的，我用了各种方法，生理按摩加心理暗示，使她在发育后成为一个对周围人的夸赞习以为常的自信少女。这些具体的方法我在女大十八变一节里有专门叙述。

总之，自己女儿长得再丑也有动人的地方，帮孩子找到并发扬光大，时常加以肯定，家家能培养出阳光美少女。

男孩子也是一样，在父母的夸赞下日渐器宇轩昂的男生与天天受指责唯唯诺诺猥琐如贾环的男生肯定气场是不一样的。

为了让乖乖感谢爸爸对她的宠爱，我专门写了一篇童话：

一个人的公主——写给乖乖的童话

小熊薇蕾特与爸爸妈妈住在森林里。

熊妈妈怕薇蕾特将来自己无法独自适应外面的世界，要求她非常严格，总是告诫她要这样做不要那样做。薇蕾特即使很讨厌妈妈的唠叨也不敢反驳，怕惹妈妈生气发脾气。

但是对熊爸爸就不用那么小心翼翼了，熊爸爸总是说："我的薇蕾特多么漂亮啊，她是我见过的最乖最聪明的熊宝宝！她是这个森林里最善良最美丽的小公主，人人都喜欢她！"他总喜欢逗薇蕾特玩儿，大部分时间她很开心，但也有恼的时候，就不客气地对熊爸爸发火，反正熊爸爸总是呵呵笑着不会生气。即使偶尔对她的态度伤心，一见到宝贝女儿的笑脸就什么都忘了，只会开心地说："小公主，来吃我特意为你留的蜂蜜吧！"

薇蕾特无忧无虑地成长着，感觉自己就像爸爸说的那样是这个森林里最美丽最聪明的小公主。她渐渐长大了，吸引了许多熊骑士来示好，他们也像熊爸爸一样叫她小公主，给她吃蜂蜜。

熊爸爸看哪个骑士都配不上自己的女儿，然而小熊终归要有自己的伴侣自己的家，熊爸爸熊妈妈终归要老去死掉。

很多年过去了，当年最疼爱她的熊骑士如今已经是她宝宝的爸爸了，记忆里爸爸妈妈的样子也逐渐模糊了。

没有人再把她捧在掌心里嘘寒问暖，当她偶尔沉浸在回忆里时，熊骑士会及时把她嘲笑醒："你就是一只普通的熊，别再做梦了！"

有天夜里她坐在一棵大树下，想起小时候有一次熊爸爸要跟熊妈妈一起出去找蜂蜜，怕她夜晚害怕就指着树梢上方最亮的那颗星星对她说："那是爸爸凝望小公主的眼睛，你想爸爸了就看着它，爸爸就会对你眨眼睛。"

她仰起头，看着那颗亮闪闪的星星，小声叫："爸爸——"

星星眨着眼睛。

她的眼里充满了泪水。

那一刻她才知道，在这个世界上，她只是那一个人永远的公主。

一直在酝酿这个小故事，源于我的周围有几个让我特别感动的父亲，想让乖乖和我所有的女学生都知道如何去珍惜那看上去微不足道，其实倾尽了父亲的全部的父爱。这个世界上哪个异性也不会像爸爸那样无欲无求地将你捧在手心里如珠似宝了。好多女孩子都觉得，我心里知道他好就行了，但是真等到失去的一天，才会醒悟到痛失了世上最珍贵的东西。

女孩子们，对自己的爸爸好一些，再好一些吧。在这个世界上，你只是他一个人永远的公主。

女大十八变，全靠妈妈练

我全今能回忆起喂奶时的无聊，大概因为我奶水质量不好，乖乖不像别的宝宝那样吃上十几分钟就饱，她吃上半个小时一个小时是常有的事，当然婴儿专家们说，她不吃你就抽离奶头，可是哪个母亲能忍受孩子饿得放声大哭而自己无视？

刚开始我觉得这样太浪费时间，我练就了一边用一只胳膊肘撑着沙发扶手抱着她喂奶一边看书的本领，后来我发现了更好的方式。

妈妈在宝宝吃奶时可以随意哼歌、背诗、呢喃对宝宝的盼望与热爱，手挤出另一个奶头的奶水抹在她娇嫩的小脸上，轻轻抚摸，顺着她的眉毛，挑挑她的眼角，捏捏她的鼻梁，拉平她的小耳朵。这样不仅孩子入睡快且睡得安稳，还有助于给她的美貌打下基础。我相信这是有效的，乖乖身上的皮肤不算白，跟我们俩一样是普通肤色，但是脸却是名副其实的"雪凝"，很多人见了她都说她像年画上的娃娃，我想这应该得益于我每天喂奶时用奶水给她抹脸。

现在的妈妈都知道了要自己的女儿成为小脸美人，让宝宝的前后脑壳都发育饱满。我很庆幸自己生育前看了一篇在美国的中国妈妈写的文章，就是摒弃中国传统的平后脑勺才能有一张立体的脸而不是中国传统的大饼脸。当时我去强生婴幼儿用品店买了那种中间空心的漏枕，关于这一点还与乖乖的爷爷小争执了一下。他在孩子三个月大时来看她，很可惜地说："哎呀，头没有睡平整，给她垫上硬书本还能来得及。"也有几个孩子的爷爷奶奶见了她就感叹："这么好看的小姑娘怎么睡了个梆子头啊！"

我很庆幸自己没有随大流，乖乖小时候一直比较胖，是苹果脸，长大后却变成了标准的巴掌脸，五官很立体，一点不是我这样的说得好听点儿是富态说难听的就是标准的大圆脸。当然我们中国传统的审美观点是认为面如满月银盆大脸是福相，可现在的审美标准就是小脸更好看，我们不可能非让自己的孩子去挑战大众的观念自欺欺人地说女孩子就是大脸好看。

女孩子的牙齿也非常重要。在二十世纪六七十年代，药物匮乏，四环素类药物被当作消炎的首选药物，应用很广泛。导致了我们这一代爱生病的孩子都无一幸免地拥有一口典型的四环素牙。乖乖的牙齿也不好，应该跟她服用了太多的抗生素有关。她有个表姐上小学时被人从楼梯上挤下来把门牙摔掉了，那时又没长好恒牙的牙根，父母带她去了几个医院花费了许多钱，才一点点地将后面的牙移到前面来做门牙，孩子真是受罪了。因为听说这件事，我就一直担心，希望她千万别摔坏自己的门牙。然而担心什么就来什么，她刚长出恒牙时，就把门牙摔掉了，虽然当时及时去医院补救了，后来依然松动，现在整个门牙都不行了，需要换假牙。妈妈们要注意从小给女儿补钙，多用牙线清洁牙齿，及时矫正畸形牙，不让孩子有"笑怕露齿"的遗憾。

我一直印象深刻的是我一个初中女同学，单眼皮小眼睛，她天天没事就往上撑自己的外眼角，到初三毕业时真变成了非常漂亮的丹凤眼，斜挑着，别有韵味。所以我喂奶时一直给乖乖轻轻往上挑眼角。乖乖脸上美中不足的就是单眼皮，但是眼睛非常长，眼角很宽，我相信这是自己挑了一年的功效，当然也可能我是敝帚自珍，看自己的孩子怎么都好，呵呵。总之没有坏处。妈妈喂奶时也别浪费时间，按摩下孩子的小脸，想象你正在营造着一个小美女胚子，也是很快乐的事情。

还没有说完，按摩完小脸，就捏捏她的小小的十指，轻柔地从根部到指尖按摩，同样按摩她的小脚丫，拽拽她的脚趾头，这样做天长日久功效就出来了。我和丈夫都是比较宽的手脚，我的更是肉乎乎的，虽然别人都安慰这样有福，但看着电影上美女那种纤纤玉指还是好生羡慕。我一直不断地给乖乖捏手脚，加上她后来弹钢琴，手指修长纤细没有突出的骨节，脚丫也是白皙瘦长，当然这跟她从小在奶奶的坚持下不穿硬皮鞋而穿软布鞋也有关系。妈妈养成从小给女儿捏手脚的习惯吧，闲着没事就拉过女儿的小手捏捏，不仅塑造美型，还疏通手上的经络，并且能够促进母女感情哦。

按摩对婴儿的身体好，对乐观性格的培养也很有好处，常被按摩的孩子绝不会有皮肤饥渴症。教科书上是这样说的：皮肤饥渴症（Skin hunger）学说的创立，源于20世纪40年代初纽约市一名儿科医生为了挽救濒死的早产儿，要求所有的医护人员每天都要搂搂襁褓中的宝宝，结果婴儿死亡率迅速下降，趋近于零。美国迈阿密接触研究机构负责人菲尔德指出：人体的肌肤和胃一样需要进食以消除饥饿感，而进食的方式便是抚爱和触摸。在幼年时期，双亲的抚爱，特别是母亲的抚爱，不仅对身体的发育，皮肤的健康，由触觉所带动的整个感知能力的提升，都起着促进作用，而且，在心理的健康发育方面，尤为重要。父母长辈经常性地自然抚爱，能使成长中的儿童从心理上获得安全感，启迪对于爱的珍视与寻求，从而在与他人交往时能具备较高的亲和力。

乖乖跟我们一起睡到九岁左右才渐渐地自然而然地分房，那时她都上初中了。我感觉我们母女感情培养的重要阶段就发生在这九年的睡前时光里。我们聊会儿天，各自说一下白天的事儿，控制在十几分钟的时间，然后开始慢慢安静下来，我会给她背诗、唱歌，同时按摩她的全身，从头部到肩、后背的经络，重点是腿脚，轻轻地按摩，很自然地我们慢慢进入梦乡。

我那时还不敢确定按摩腿部会对她的身高有很重要的影响，我只是想爱抚自己的宝宝，让她感觉舒适。恋爱时丈夫深情地给我回忆当年他中学时婆婆每晚给他按摩腿脚，有时就趴在床尾睡着了，所以他要好好孝顺自己的母亲。我当时模糊地想公婆个子不高丈夫能长到一米八会不会跟这个有关啊。后来乖乖长到一米七三的身高，我想按摩是有效的，当然也有遗传基因的影响。我又听到一对个子不高的同事夫妇分享经验说每天给他们后来长到一米八的儿子按摩腿特别有效，又看到网络上的一些经验，才意识到按摩确实对孩子长高有效。

现在胖女孩儿特别多，英国更是多见，这与遗传、饮食习惯是密不可分的。乖乖小时候一直胖乎乎的，我总担心她将来长大了再减肥就困难了，所以就一直给她灌输控制饮食的概念。后来有个朋友给我说，你不用担心，女孩子胖点儿好，给将来长个儿创造条件。等乖乖在十一岁那年突然增高了十公分，我才真正明白朋友所说那些话的真正含义。乖乖就像武侠小说中被突然拉长的人，一下子变得高瘦起来，甚至有时给我一种错觉：早上起来就觉得她比昨晚高了一点。她变得干瘦干瘦的，以至于奶奶总捏着她的手腕感叹："你妈天天让你减肥，这下可好了，瘦成这样了，多难看啊。"当然这只是老人的观点，我和乖乖本人对她的苗条身材还是比较满意的。

这时候又是月经初潮及身体急速发育的时期，妈妈要注意多给女儿吃大枣、核桃、黑芝麻、枸杞等这些滋补养颜的食品，对她的一生都是有益的。

你看，别抱怨说自己的孩子没随自己两口子的优点，基因只占一小部分，除非有特别大的天生缺陷，否则都是有一分耕耘便有一分收获的。今天做了妈妈的你看了这本书，也别后悔自己当年没有为女儿做什么，你还可以有机会在自己的外孙女身上补偿回来。女孩子也别埋怨自己的妈妈，你可以不让自己将来的孩子埋怨自己啊。

男孩子的妈妈快点开始帮自己的宝贝按摩腿脚吧，长个大个儿来帮你做家务，呵呵。

教孩子认字

姐姐怀孕时我还没恋爱，去她家里看到冯德全写的《0岁方案》感觉不错。几年后我怀孕又借过来，书中其他细节忘掉了，却将他零岁就教孩子识字的观念牢牢记住了，而且至今感觉获益匪浅。

怀孕时我做了充分的准备，因为买的字卡都带画且字不够大，我就自己用毛笔写了大大的字挂在房间里相应的每个地方，这样乖乖在认知东西的同时就能够认识字。

出院后每当乖乖睁开眼睛，我就趴到她眼前，同时在自己的脸边举着写着"妈妈"字样的卡片，爸爸和奶奶过来我也举起相应的纸片。奶奶起初对此哭笑不得，觉得我就是小孩子过家家，丈夫对此不置可否，但也能积极配合。其实我知道那时她的眼睛根本没有发育成熟，大概只能看见模糊的鲜艳的东西，但是我还是坚持了下来。

　　能竖起来抱的时候，我就一边抱她去认识冰箱、门、墙，一边小声地一遍遍重复这些字的发音。八个月的时间我居然乐此不疲地坚持了下来，然后小乖乖就给我这个妈妈小小的回报了。在此之前，她坐在床上玩得最多的是我自制的各种字卡。我一直到现在还记得那一天自己的激动，我像往常一样不求回应地自己低语："聪明的小乖乖，哪个是爸爸呀，把爸爸找出来。"当时写着"爸爸"的字卡离她比较远，但是在一堆卡片的最上面，她抬起肥胖可爱的屁股爬过去把那张字卡递给了我，我呆立了几秒的时间，先条件反射地亲亲她并表扬她，又不敢置信，于是又小心翼翼地说："乖乖，哪个是书啊？把书给妈妈。"她又爬过去从一堆字卡里翻出了写着"书"的那个字卡。我兴奋激动得无与伦比，付出了这么久，我终于看到自己不是在做无用功了。叫来丈夫与婆婆，乖乖像马戏团的小狗一样又表演了一遍，这是她最先认识的两个字——"爸爸"和"书"。

　　从那以后乖乖突飞猛进，每天都能认识十几个字，我们换卡片的频率越来越快。

　　还记得带她回外婆家，我告诉妈妈："乖乖认字了！"妈妈笑嗔我："净胡说八道，八个月的孩子会认什么字？"乖乖又当场表演了一番找字卡，这让外婆外公分外高兴。作为教育工作从事者，他们看着外孙女这么早识字自然高兴。

　　乖乖一岁的时候已经认识几百个字了，每天我会抱着她念墙上、门上挂着的诗词，或是揽她在怀里一边用手指着字一边读诗词、儿歌，这是她最喜欢的游戏。一岁三个月的时候我们常用的汉字她几乎认全了，自己阅读没有任何问题，她非常安静专注，一个人坐在那里看书能达一个小时，往往得需要我们提醒她起来玩玩，她才又像个一岁多的孩子一样东跑西颠。

这时候的她已经养成看见不认识的字就问的习惯，经常在街上大声念些她感兴趣的招牌或是广告，引得别人惊奇地说："哎呀，这个娃娃认字！"

这是我当时的日记：

2001年5月

不满十五个月的乖咪已经认识了好多字，像"超市、娃哈哈、医院、银行、餐厅"等都已非常熟悉，从八个月认字到现在大约认识了四五百（个字）了。能顺下来十余首唐诗、数十首儿歌，能从一数到二十，并在提示三十、三一后举一反三地顺三二、三三。能听懂五十多个英语单词，还教爷爷奶奶学会了"panda""dog""apple""banana"等，二十六个英文字母大人顺着背不论在哪儿停下来她都能接上。乖咪最喜欢的玩具就是书，她能自己坐在床上念念有词地看书长达一个小时。在外面看见有字的招牌就拉着大人的手让念念。会顺着妈妈唱下摇篮曲等多首歌谣。知道来人欢迎，送客再见，吃东西时先让爷爷奶奶，吃饭时会说"爸爸吃"。

这个时期乖乖的认字水平是突飞猛进的，不过一个月后在我当时记的日志里就是如下的表现了：

2001年6月

差一个星期不到十六个月的乖咪最让妈妈吃惊的就是在两

天时间内给我背了《悯农》《鹿柴》等十首唐诗，还有许多首儿歌。有首"月姥姥，八丈高"的儿歌，我用手指着她能一字不差地从头读到尾，一共有六十七个字。她发音还不是很准，奶声奶气地读出来煞是喜人。我觉得一直以来教她的好多唐诗她一定还能背出好多，只是她还没有来得及一一表演，我就匆匆回来了（当时我考研，将她放在奶奶家待了几个月）。

乖咪能认识大约一千多字了，知道家里人的名字、工作单位、电话号码，知道爸爸的爸爸妈妈是爷爷奶奶，妈妈的爸爸妈妈是外公外婆。知道一加一等于二。又学会了"Sorry.""It's OK."等简单的英语句子。

作为妈妈，我觉得认字的意义绝不在于婴幼儿认字这件事情本身满足了家长的虚荣心——可以让孩子如仲永般四处展示，而是认字培养了孩子良好的性格，最重要的是书中的道理对孩子潜移默化的影响是巨大的，使我在以后培养她的过程中事半功倍。这让她在以后断奶、上学、处理人际关系等方面都表现出了良好的自制能力和不是那个年龄所拥有的通情达理。这些在后面我会详述。

七岁上小学再去识字是对孩子们的一个不小的挑战，很多孩子甚至因为识字慢被定性为不聪明而伤害了自尊，这是很可惜的一件事。孩子完全可以与认识事物同步认识文字，这种自然而然的接受对他们来说没有任何痛苦，相反亲友的肯定还会进一步鼓励她，使她充满自信。

关于如何去认字，我还曾经看过一种叫作"阅读识字"的方法，适合两岁至六岁的学龄前儿童。家长们都知道孩子喜欢听重复的故事，一个故事反复讲多少遍孩子也听不烦，而且几乎每个孩子还都有自己的最爱，让爸爸妈妈每天给自己讲同一个故事。很多父母为此头疼厌倦，其实完全可以化被动为主动。在给宝宝读书时，用手指指着每个汉字慢慢地读，起初鼓励早已把故事背过的孩子接上最后的词，慢慢地变成妈妈读一句宝宝读一句，后来演变成宝宝读全部，宝宝读给全家听，宝宝给来串门的亲友表演读故事，妈妈找出其中最常见的字让宝宝认识，对宝宝以亲吻、拥抱来鼓励表扬，这样宝宝就能通过一个故事认识几十个字了。妈妈要学会给她描绘美丽的前景："宝宝以后会认识很多字，会给妈妈读很多故事，妈妈下班回来最喜欢的事情就是听宝宝读故事，一听所有的烦恼劳累都没有了，宝宝真是妈妈的开心果！妈妈真为有你这样的宝宝骄傲！"

在这样的母女都有的成就感中，宝宝的识字完全可以突飞猛进，一日千里。

我邻居家的男孩子是从小喜欢车，通过认识车来认字，他那本关于车的百科全书上的字全认识了，这也是一种很好的办法：找到宝宝最感兴趣的切入点积极主动地引导宝宝认字，宝宝认字越早，家庭受益越大。

上面说到乖乖断奶时受益于书中的道理，我以前的一篇日记记下了当时的具体状况：

2001年4月

满一岁两个月的乖乖被送到了奶奶家进行断奶。妈妈临走的那天早上，乖乖表现好极了。五点钟妈妈看看熟睡的乖乖，悄悄起了床，还没穿好衣服，就听乖乖奶声奶气地叫妈妈。回头一看乖乖正努力睁开惺忪的双眼冲妈妈笑呢！妈妈亲亲乖乖，拉起衣服让她看着妈妈的乳房说："妈妈这儿破了，很疼，以后乖乖再也不能吃了。好孩子长大了都不吃奶了。"乖乖懂事地点点头，双手合抱胸前说："好宝宝。"言下之意自己听话。妈妈递给她一块餐巾纸说："那你给妈妈盖上吧，以后再也不吃了。"乖乖依言盖上了。待会儿奶奶抱她到凉台上玩，妈妈悄悄溜走了。

硬起心肠不去想象乖乖的处境，但仍忍不住一天几个电话地打去问情况。爷爷奶奶只是一个劲地报平安。终于忍过了九天。正巧在北京学习的爸爸也请假回来，就一起赶往奶奶家。

正睡觉的乖咪被我们进门的声音弄醒了，让爷爷抱在怀里。看到走在前面的爸爸她笑了，脸贴着爷爷的脸和爸爸对视。妈妈走上前微笑看着她不说话。她立刻认出来了，张手让妈妈抱。妈妈上去抱住她，忍不住泪如雨下。让她叫妈妈，她只是害羞地笑。看看爸爸再看看妈妈，再把头依进妈妈怀里发自内心地幸福地笑，样子很让人爱怜。任谁再要求抱也抱不走了，剩下的几天乖乖和妈妈寸步不离，老怕妈妈再舍下她走掉。但是五天后妈妈终于还是以同样的方式悄悄走了。

妈妈不在的时候，乖乖时不时地四顾着嘟囔"妈妈吃奶"，或是指着妈妈的照片说"臭妈妈""屁妈妈""坏妈妈"，爷爷奶奶信誓旦旦硬说这些都是乖乖自己发明的没人教她。妈妈回来后爷爷问她说"妈妈坏吧"，她说"好妈妈""亲妈妈"。还拖着长腔说"妈妈好啊""爸爸好啊"。爸爸就像受检阅部队回答领导问候一样两脚一并，敬礼答曰："为人民服务。"

妈妈刚回去的几天，乖乖还忍不住掀开妈妈的衣服说吃奶。

妈妈做吃惊状瞪大眼睛看她，她就会自己刮刮脸说"丢丢"，或是顾左右而言他地指着妈妈的鼻子说"鼻子"。有时说了"吃"自己察觉到了就赶紧把脸埋进妈妈怀里小声再吐出一个"奶"字，长出一口气算是说说过了干瘾就若无其事了。爸爸看不过，几次提议让她再吃都遭到一致反对，恨不得自己能喂她奶，终因回天乏力而作罢。前三天晚上睡觉乖乖十分痛苦，哭十几分钟又辗转反侧良久才入睡。后来习惯了，听妈妈背着唐诗就睡着了。

断奶对乖乖来说是人生第一次考验，爸爸妈妈希望乖乖一生平安，但也深知她以后一定还会遇到这样那样的挫折，希望她都能够通过自己的努力顺利渡过。愿天下的父母孩子都平安。

现在回想起来，乖乖之所以能如此顺利地通过断奶，与之前我在给她讲故事、一起看书的过程中故意铺垫一些好宝宝应该做到怎么样的道理是分不开的。

给孩子贴个好"标签"

我已经忘了最初是从哪本幼教书上看到的这个观点：给孩子贴个好"标签"，我只是在看后就不由自主地坚持用下来并且获益匪浅。

现在回想起来，在乖乖懵懂无知的婴幼儿时期，她也有许多小毛病，这是我十几年前的日记，记录了她当时的一些举动：

2001 年 5 月

提前几天就开始想象与乖乖见面的种种情景，临行的前一天晚上更是激动得难以入眠。终于下了火车赶到了奶奶家，大门却是紧锁。

刚到楼下就看见奶奶抱着乖乖迎面走过来，奶奶问"看谁来了"，乖乖抬眼一看，羞涩地笑了，小声叫着"妈妈"。把她抱回家，她开始兴奋，在地上欢叫着东跑西颠。我去卫生间洗手，她着急地在后面哭喊"妈妈不走！妈妈好啊！"赶紧抱起她安慰说"妈妈不走"。拿出新给她买的书，她迫不及待地翻看着，有以前学过的儿歌就小声念出来，翻得差不多了就拿住我的手往书上放，说："妈妈念念。"

晚上因为有蚊子，奶奶要挂上蚊帐，挂的时候奶奶自己嘟囔"怎么不合适"。好不容易挂上了，乖乖不愿意了，大叫着："不合适，不合适！"奶奶问："怎么不合适了？你知道什么是不合适啊。"乖乖连摇头带跺脚以示反对，大叫"不好看"。没办法，奶奶边说"你还怪明白呢"，边摘了蚊帐。过了一会儿，趁她没注意又挂上，乖乖这次没反对，在蚊帐口钻进钻出，为发现新游戏兴奋无比。

我在门上贴了几首新诗，乖乖赶紧拉我过去读给她听。她指着《鹿柴》的作者大声念"王维"，我就接着念"空山不见人，但闻人语响"。她大感兴趣，一遍一遍地让我重复，足有十几遍，我抗议"妈妈累了"才放过。然后我提问她"空山不见——"，她淘气地答："妈！"我皱皱眉继续问"但闻人语——""屁！"胡闹！她已笑得前仰后合，很为自己的发明创造得意。

临走的前一天晚上我抱她出去玩，紧紧贴着她的脸难以割舍，问她："妈妈不在的时候你想妈妈吗？"她说"想"。我告诉她："你想妈妈时就抬头看看星星，对着星星大声叫妈妈，妈妈就能听见，也会叫你——乖乖。"她想了一会儿抬头看天小声地喊："妈妈——"那种伤感的语调不像十五个月的孩子，我紧紧抱住她泪流满面。那一刻在心里暗暗起誓：我一定要努力复习争取今年考上研究生，否则太对不起乖乖了。

第二天清晨，背着乖乖我悄悄离开了家门。坐在火车上看到有妈妈在哄小孩子，不由泪眼蒙眬，想乖乖该在家里喊着找妈妈了吧。

2001年6月

前几天老是心神不宁，乖乖有三四个月没长病了，千万别出什么问题啊。在电话里一个劲追问爷爷，终于支吾着说有点拉肚子。赶紧请假坐火车赶回新泰。

看见我突然回来很惊讶，乖乖愣了一下叫着"妈妈"扑进我怀里。原来是被小朋友传染感冒，好了以后又吃撑着了。就这样拉肚子拉了一个多星期。都说孩子长一次病就多个心眼，乖乖这次病好以后进步可是突飞猛进。

尽量不让她打针，就吃了多种药。乖乖对自己吃的各种药"妈咪爱""醒脾养儿颗粒""小儿消食片""新达德雷"等都了解得清清楚楚。"妈咪爱"药味较浓，她不愿意喝，其他的药都能自己喝下。我用奶瓶冲了"妈咪爱"告诉她是"新达德雷"，她连尝也不尝，将奶瓶嘴朝下把药滴出来，用看穿诡计的眼光盯着我一字一顿地说："妈、咪、爱！"因为颜色不一样。

这几天控制她饭量，大概吃不饱。乖咪见了饭就要，看爷爷夹起菜，她远远地就张开大嘴等着。爷爷就要到嘴的菜只好拐了弯。吃豆角时乖乖就唱"吃豆豆，长肉肉"，有时口水拉得老长，我就在写字板上写下"垂涎三尺"让她认。

大概是年龄段的事，乖咪现在特爱用否定词。我问她听话吧，她说："不听话！"问她和小朋友玩吧，"不玩！"问她什么东西还有吗，忙说："没有！"看见大家笑又改口："不没有！"问她这种东西好不好吃，她说："不好。不一定。"居然会用"不一定"了。

老觉着她是小孩，有时说话就不避她，认为她听不懂，谁知她心里明白得很。爷爷说起院子里其他小朋友也有拉肚子的，我问："是打针了还是光吃药？"她在旁边忙插言："光吃药！"奶奶问我："小儿消食片是让她现在吃还是过一会？"我还没回答呢她先说："现在！"因为她特爱吃。奶奶问谁是好宝宝，她说是乖乖，谁是小坏蛋，她说是奶奶。有一次吃苹果，她咬得太多，我说："你怎么连核都吃了？"她接着评价："糊涂！"我问谁糊涂，她说："乖乖。"

奶奶无意中用手拍床，她在旁边配音"啪啪啪！"她背儿歌"小板凳，真听话，和我一起等妈妈"，奶奶说"那奶奶坐哪儿"，她忙改成"和我一起等奶奶"。还会举一反三地将"分果果"的儿歌改成"妈妈不在留一个"。

平时奶奶告诉她上班是为了给她买西瓜，因为拉肚子不让她吃就骗她西瓜吃没了，她就说："奶奶上班！"

画书上有"爸爸抱抱"，她一个劲地读，我就告诉她，爸爸不在没法抱她，她把头凑上去说："爸爸亲亲。"算是一慰相思。她指着画书让妈妈念念，我说："妈妈牙疼。"她赶紧说："乖乖念念！"自己就拿着书念了起来。

我写字她跟我抢笔，一下子将圆珠笔弄散了，我说："这怎么办？妈妈可不管。"她拿起笔，居然知道将笔芯插进笔管，又将两截笔管对起来，但是没有准头，对了半天也不行，就向我求救，我帮她对齐了，一起将笔装好。

但她的性子不是很好，防备心特重，大人逗她时一靠近她就打人，怎么教育也不改。不和小朋友玩，让我挺着急，这不利于她的性格发育，也许长大点能好转？

今天回来上班了，真想乖乖，乖乖该睡觉了吧？

2001年7月

爸爸放暑假后跟妈妈一起回新泰。

爸爸觉得妈妈过于严厉，就对乖乖格外百依百顺，但乖乖却不吃这一套。见爸爸是个软柿子，她就使劲欺负他。平常一困了就开始喊："不要爸爸！"半夜醒来见旁边躺着的爸爸就又喊"不要爸爸""爸爸走"。爸爸一片热情换来如此冷遇当然心有不甘，况且回来之前听爷爷描述的乖乖如何思念他，他早自作多情地将自己列为乖乖所需的首要人选了，于是谆谆善导乖咪："爸爸最喜欢你了！"乖乖反驳："妈妈！""爸爸是最聪明的人！"回答："妈妈！""爸爸是最美丽的人。"回答还是"妈妈！"爸爸坏坏地说："那天下最笨的人是——"乖咪顺口道："妈妈！"看见爸爸得意地大笑，又赶忙改口："爸爸！"爸爸沮丧万分，哀叹自己怎么得罪了小祖宗。他教育她："你别看妈妈厉害，她可害怕爸爸了，爸爸最厉害！"乖乖半信半疑地看他，他忙表现，伸手打我一下。乖乖"啊"地尖叫一声扑上去照着爸爸脸上就是一下，吓得爸爸落荒而逃，乖乖意犹未尽地抱住我大哭，好像妈妈真的受到了天大的委屈，我忙告诉她这是开玩笑。晚上一家三口在玩，我困了用手揉眼，乖乖着急地叫："妈妈不哭！"爸爸一见也效颦地揉眼说："爸爸哭了。"乖乖看他一眼轻蔑地说："耍娇气！"（她书上有首儿歌是《耍娇气》）爸爸真受打击了，下次乖咪再说"不要爸爸"时爸爸瞪眼严肃道："你说什么？不要爸爸？"乖乖小眼珠一转忙改口："要爸爸要爸爸！"爸爸终于重拾自尊又以第一保护人自居起来。

我们回去那天下午乖乖一兴奋没睡觉，结果晚上早早就睡了。半夜三点多楼下讨厌的公鸡开始打鸣，乖乖揉揉眼坐起来突然学了一声"咕哒——"正做美梦的爸爸吓了一跳一骨碌爬起来连声问："怎么了，怎么了？"乖乖见大家都醒了也来了精神，站起来高声唱了一首《新年好》，又用英文唱了一遍，在妈妈的安抚下又倒头大睡。第二天，妈妈感叹夜半歌声时爸爸说："何止啊！还半夜鸡叫呢！你真没白姓周啊！（周扒皮）"

因为我还没放假，早上起来爸爸将她带出去，我就悄悄准备走了。刚走到楼门口就听到她好像有心灵感应似的一路叫着妈妈跑回来，半路又被爸爸连哄带骗地拉回去。

回到家已是中午，爸爸打过电话来，说乖乖站在窗前手里拿着根小草一遍一遍唱《世上只有妈妈好》，大概因为歌词有"没妈的孩子像根草"。倒没有哭闹着找妈妈，只是自己唱，爸爸将录下来的音放给我听，不过是十六个月的孩子，真让人心疼。我就自我安慰：这对她来说也算是一种锻炼吧。

这是乖乖一岁多一点时我记的日记，那时我准备考研，就从一岁两个月断奶起把她放在爷爷奶奶家生活了半年，幸好两个城市也就一个多小时的车程，每周末我都能去看看她。

回过头去看日记中她当时表现出来的小毛病，如果没有及时制止并结合画书里的人物故事给她讲道理引导，任爷爷奶奶溺爱的话，我相信她会是截然不同的性格。当然我不否认爷爷奶奶对她的爱一点不少于我们，甚至在生活上的关心远比我们做父母的付出得要多，但是老人无原则的溺爱肯定会将孩子宠坏。而溺爱和贴好标签是截然不同的。

在乖乖刚听懂话的时候我就开始给她贴好标签，断奶的时候我告诉她妈妈乳头破了以后不能给她喂奶了，好孩子会体谅妈妈的；爷爷奶奶溺爱时我说相信她是个懂事的乖宝宝能更加尊重老人而不是被惯坏；在学习成绩出现起伏时我告诉她妈妈自始至终相信她就是个学习好的孩子；在培养学习习惯时毫不迟疑地表示对她会有高效率的学习有信心；在面对现实生活或媒体报道中一些子女不孝的负面新闻时我会庆幸地搂着她说幸好我的宝贝这么体贴；在面对早恋问题时相信她自己能处理各种未知的有可能发生的情况。

你希望自己的宝贝儿成为什么样的人，就给他贴什么样的标签，不是盲目地在人前沾沾自喜地夸自己孩子如何出色，而是中肯地当面对他表示信任。一定要掌握度，不要让孩子觉得妈妈信口开河，要有坚定信心你的孩子会变成各方面都优秀的人。先从发现自己孩子最明显的优点开始，渐渐扩大范围。

众所周知的皮格马利翁效应来源于古希腊神话中记载的一个故事：皮格马利翁是古希腊神话中塞浦路斯国王。这个国王性情孤僻，常年一人独居。他善于雕刻，孤寂中用象牙雕刻了一座表现了他理想中的女性的美女像。久而久之，他竟对自己的作品产生了爱慕之情。他祈求爱神赋予雕像以生命。爱神为他的真诚所感动，就使这座美女雕像活了起来。皮格马利翁遂称她为伽拉忒亚，并娶她为妻。心理学上的"皮格马利翁效应"，是指热切的期望与赞美能够产生奇迹，期望者通过一种强烈的心理暗示，使被期望者的行为达到他的预期要求。

1968年，心理学家罗森塔尔和雅格布森来到一所小学，从一至六年级中各选三个班，在学生中煞有介事地进行了一次"发展测验"。然后，他们列出了一张学生名单，声称名单上的学生都极具潜质，有很大的发展空间。八个月后，他们又来到这所学校进行复试，惊喜地发现，名单上的学生成绩进步很快，性格更为开朗，与老师和同学的关系也比以前融洽了很多。

事实上，这是心理学家进行的一次心理实验，用以证明期望是否会对被期望者产生重大的影响。他们所提供的名单完全是随机抽取的，通过"权威性的谎言"暗示教师，并随之将这种暗示传递给学生。他们受到教师的暗示作用后，变得更加开朗自信，充满激情，在不知不觉中更加努力地学习，变得越来越优秀。著名的顽童当州长的故事就是皮格马利翁效应的一个典型案例。故事中的罗杰·罗尔斯出生在纽约的一个叫做大沙头的贫民窟，在这里出生的孩子长大后很少有人获得较体面的职业。罗尔斯小时候，正值美国嬉皮士流行的时代，他跟当地其他孩子一样，顽皮、逃课、打架、斗殴，无所事事，令人头疼。幸运的是，罗尔斯当时所在的诺必塔小学来了位叫皮尔·保罗的校长，有一次，当调皮的罗尔斯从窗台上跳下，伸着小手走向讲台时，出乎意料地听到校长对他说，我一看就知道，你将来是纽约州的州长。校长的话对他的震动特别大。从此，罗尔斯记下了这句话，"纽约州州长"就像一面旗帜，带给他信念，指引他成长。他衣服上不再沾满泥土，说话时不再夹杂污言秽语，开始挺直腰杆走路，很快成了班里的主席。四十多年间，他没有一天不按州长的身份要求自己，终于在五十一岁那年，他真的成了纽约州州长，而且是纽约州历史上第一位黑人州长。

但是有的家长对孩子的态度是根深蒂固的，今天看了这篇文章，想到我要跟着做，随即回家将孩子大大夸赞一番，孩子还在一番惊喜中晕头晕脑地不知道怎么回事，明天家长的情绪被其他事情左右了，又忍不住对孩子冷嘲热讽地否定，孩子受到的打击比从不夸他更大。夸赞是要发自内心的，谨防两个极端：一是盲目的溺爱，自己孩子怎么都好，对她的不当的言行也视而不见；二是经常不自觉地打击孩子，说邻居的某某哪里比她强，你取得的这点成绩比起谁谁还差得远。

要心平气和地找出自己孩子身上的优点和缺点，客观地正视：比如，我的孩子学习不好，他总是把心思放在别的事上，但是他热情善良，乐于助人，有许多好朋友，有好人缘，这是需要我肯定的一个方面。他学习不好的原因是没掌握有效的学习方法，他努力了但收获不大，我需要请教老师或者专家，针对他的情况制定一些引导计划，让他体会到效率的作用。或者是他非常聪明，只是不愿意学习，觉得学习太苦闷，不如跟同学游玩开心。那我需要耐心地常跟他交流，首先让他明白一个道理，学习是为他自己的将来在铺路，妈妈只是想助他一臂之力。然后在每一个小努力之后，都深深地肯定鼓励他，让他体会到学习中收获的乐趣。这是个循序渐进的过程，需要妈妈的耐心，不可能一蹴而就。

从现在开始，给你的宝贝贴上一个好标签吧。

曾经的幼儿园风波

乖乖去幼儿园之前的一个月，我一直给她说："如果你最近表现好的话，我就把你送到幼儿园，那里有好多好多玩具，好多好多小朋友！像你这样聪明又乖巧的孩子去了，老师肯定非常喜欢。"我还在她面前做担心状，如果老师不让我们去幼儿园怎么办，那该多可惜啊。她也跟着忧患，督促自己好好表现。

乖乖在幼儿园表现平平，就是个乖巧听话的孩子，因为在这个阶段，孩子们不需要识字懂道理，反倒是能歌善舞的小朋友更容易出彩。而乖乖在文艺这方面实在乏善可陈，只能参与些随大流的活动。记得有一次她们班排演白雪公主，小朋友的家长和老师都觉得乖乖白白的脸齐刘海的娃娃头，形象比较合适，可是上台后她没有表演热情，更别说投入进去了，老师只好把她换下来了。而这些对别的小朋友来说非常有吸引力的事情她都没往心里去，回家更是提都没想起来提，还是别的家长和幼儿园老师告诉我的。

这个时候她已经显示出安于现状不争强好胜的性格。

有一次她和一个小朋友在楼下花园赛跑，很短的一段路程，那个小朋友先跑到了，高兴地跳着说："啊哦！我跑了第一！"

她也高兴地跳起来笑："啊哦！我跑了第二！"让旁边观看的我们都啼笑皆非。这种情况在上学后也在许多她对集体活动的漫不经心中体现出来，我知道这种性格对女孩子来说不是坏事，但是我也需要稍稍引导她有一定的上进心和集体荣誉感。

在她上小班时我和另一个妈妈一起看到了我们当地外国语学校幼儿园的宣传单，就相约一起去实地看了看。那是那个幼儿园兴办的第一年，我们到那儿时是中午，每个班里的孩子还寥寥无几，那些可爱的卡通墙和种类繁多的玩具连大人看了都受吸引，最打动我的是透过门缝看去，每个老师怀里都抱着一个小宝宝在安慰，这种爱心促使我下决心把乖乖转到了外国语幼儿园。

起初的一个多月她很欢喜，每天积极去幼儿园，很喜欢那里的环境和小朋友。但是突然有一天开始她就不愿意去了，一走进幼儿园的大门就开始大哭，不想进去，每次都需要家长和老师耐心劝解，有时候园长会笑眯眯地亲自迎出来先让她在自己的办公室玩一会儿再送到班里。问幼儿园的情况，老师们总是说非常正常，她也很听话，我们那时年轻也从未多想，觉得其他孩子也有不愿意去幼儿园的情况，每天也就狠心任她哭着还是往幼儿园送。

这样持续了一个多月，有天晚上乖乖做噩梦突然大喊："害怕汪老师！"我当时就有点怀疑了，三岁的孩子是不会做伪的，从小这么乖巧听话的乖乖为什么对去幼儿园会那么排斥呢？

早上起来我跟她说别的话时突然问她："乖乖，汪老师是不是批评你了？"她呆了一下小脸黯然了，我抱着她说："小朋友总有做错的时候，老师批评是为了让小朋友进步啊，我小时候经常挨老师批，有的时候是因为我欺负别的小朋友，有的时候是上课乱跑，你是为什么啊？"她想了想才心有余悸地说："我不该把老师的话说给家长听，我不是好孩子。"

我一听就懵了，赶紧细细问她，才知道了事情的原委。

她们幼儿园有许多精美的玩具，但是平常是不让孩子玩的，只有放学后家长来接孩子时才允许孩子玩。关于这一点是我在等乖乖玩那个玩具半天还没玩够我又急着回家她才无意中对我说的，我就在园长征询家长意见的时候给园长提了一句，她当时笑眯眯地答应了。想来是园长因此批评了汪老师，所以汪老师找到乖乖凶狠地说："把老师的话随便告诉家长的都是坏孩子，坏孩子大灰狼就会来吃她！全世界的动物都会来吃她！"

我现在写到这里依然会心疼，我不知道别的妈妈遇到这种情况会是什么心情，自己的孩子如果犯了错，老师教育甚至在面对极其顽劣的行为时偶尔吓唬打骂一下我还能理解，因为这样的事情在孩子性格形成期如此作为，怎么能称得上为人师？

那天我把乖乖送到幼儿园后就进了园长室，我难抑激动地给园长说了这件事，她表示了安抚并告诉我汪老师是个很优秀的幼儿教师，她带的班在很多方面都表现突出，并把汪老师叫来跟我交流，我当着她的面流下泪来："你也是个女孩子，你也是你妈妈的宝贝女儿，你将来也是要做妈妈的人，你怎么忍心对孩子说这种话？"当时的汪老师也就是个十八九岁的孩子，一看就是倔强要强的性格，她也掉泪了说她妈妈查出了癌症，心情很不好，给我道了歉。我也心软了，感觉她也只是个孩子，家里出了这种情况难免焦躁，就表示了谅解，只是恳请她体谅家长的心情，尽量多关爱孩子。

乖乖依然不愿意去幼儿园，隔了几天我送她去幼儿园后突然想起来忘了给她放下中午要吃的药，所以在老师笑着送我出门后又折了回去，教室里刚开始上课，我就透过玻璃站在那儿看，老师是背对着我的，她正提问问题，小朋友都踊跃举手，她按照学号挨个叫起来回答，乖乖是六号，我正想看看高举着手的她是如何回答的，老师直接略过了她叫了七号。下一轮，没心没肺的乖乖依然举手，依然被略过，我站在门口如遭雷击。我心心念念的宝贝儿，没有做错任何事，在幼儿园就是这样被冷待的。老师不再批评她，但也不再理她，老师用自己的威严影响着其他小朋友的态度，我的乖乖怎么可能愿意到幼儿园来，但是只有三岁的她却说不清这是为什么，她只有天天抹着泪到这个父母花高价送她来的幼儿园。

接下来的几天乖乖闷闷不乐，后来终于含着泪对我说："妈妈，我把小朋友撞倒了，我错了！"那时我隐隐约约已经感觉到乖乖遭受的是不公平的待遇了，她不会惹是生非的，是如何把小朋友撞倒的呢？我买了礼物去幼儿园，想对那个小朋友表示歉意。

在幼儿园找汪老师了解了情况，原来是小朋友在跑步时离得比较近，前面的小朋友突然停下来，乖乖收不住脚撞到她身上，两个孩子跌在一起，下面的小朋友嘴唇磕破了。这是自己的孩子不小心，我们做家长应该道歉的。汪老师犹豫着说："Nancy的爸爸当时看到她嘴摔得厉害可能比较生气，就把Wendy（乖乖在幼儿园的英文名）熊了一顿，可能口气比较严厉。"我当时就愣在那儿了，作为家长我理解那种看到孩子摔伤了后的心疼焦急，可是如果他知道只是孩子不小心而不是调皮捣蛋，他是如何严厉批评孩子的呢？如果没有人推波助澜，没有人添油加醋，一般的稍微明理点儿的家长会做这种事吗？我看着那个汪老师幸灾乐祸且与我无关的表情，想象着乖乖垂着头在老师和其他小朋友面前听一个家长训斥的情景，真是不敢相信这是发生在一家天天喊着口号如何珍爱孩子的幼儿园所能做出的事。

第二天，知晓此事的乖乖爸爸到幼儿园操场边看孩子们跑步，远远地汪老师瞥了他一眼大声对小朋友说："这种把孩子看得太重的家长是教育不出好孩子的！"风正好把她的话吹过来，她大概没有想到乖乖爸爸这么远竟然凑巧听到了，还远远地挥手冲他热情地笑笑。

恰巧与其他家长交流时听她说自己的女儿现在一吃饭就恶心干呕，以前没有这症状，问了孩子好久才知道，因为她中午饭剩下了一块小馒头，汪老师让别的小朋友睡午觉而她罚站在卫生间，什么时候吃完什么时候出来，孩子自从那时起落下了这个毛病。

本来还心存幻想，指望这个十八九岁的小姑娘能良心发现的我们彻底失望了。我们不能寄希望于这个女孩子了，她能如此作为就是不仅仅是职业操守的问题，做人的品质也有待提高。

我们几个家长同时给孩子办了转园。恰逢这时换了园长，是返聘的一个退休的老太太，看她的说话风格不像是做表面文章的那种人，听到我们转园的理由她先进行了自我批评："这是我们的不对，首先园长不能把反映情况的家长名字透露给老师以影响她对孩子的情绪，其次老师个人家庭的私事不能影响她的工作，对孩子的爱与尊重是首要的。"

　　她说得很好，但是我们的孩子只有一个童年，我们不会忍心让自己的宝贝儿再去做一个私立幼儿园的试验品去检验一个不合格的幼教老师的成长历程。即使后来幼儿园再打电话说汪老师已经调离了，幼儿园做了大的调整云云，我们也坚决不回去了。

　　我在此没有败坏那个幼儿园的意思，因为其他班的家长也有对他们非常满意的，我也觉得他们的教学方式比较新颖，小时候学的那些英文歌曲对乖乖现在的英语学习也产生了很好的影响。那个汪老师现在也该三十岁了，应该为人母了，如果她还从事教育事业的话希望她已经发生了根本的改变。

　　经过这么多年对教育理论的摸索研究，我感觉家长在为宝宝选幼儿园时首先要注重的是小环境，这个幼儿园的设施、口号、收费等都是次要的，先要考察宝宝所在那个班级的老师，老师首先要有爱心，不是光口号标榜的那种，是对孩子发自真心的喜爱，最起码有一定的职业道德。在这个基础上再去比较教学理念、教学方式，等等。

　　我一直在想，二十年后退休了我就在家里办个家庭式的袖珍幼儿园，只收三四个宝宝，像对待自己的孙子孙女一样地爱他们，把自己毕生的经验用来精心培养他们，根据他们的性格让他们在充满爱、善良与责任的环境中成长，希望能实现这个梦。

益智玩具精心挑

现在的玩具五花八门，种类繁多，远不是童年时玩冰糕棒、树叶、玻璃球长大的我们所能想象的，妈妈在给宝宝买玩具时一定要精挑细选。

一直觉得中国传统的抓周还是有一定象征意义的，否则也不会从三国时期开始至今近两千年了还非常流行，有中国"三岁看老"的习俗，也有父母望子成龙望女成凤的期望。

而妈妈给年幼的孩子挑玩具也能潜移默化地影响孩子的兴趣和志向，当然我们要在尊重孩子天生兴趣的基础上加以引导，而不是强迫性地要求孩子必须玩什么玩具，那种把女孩儿当男孩子养或男孩子做女孩子打扮的陋俗实在愚不可及，不仅影响孩子的心理发育，也会对孩子将来的性格乃至恋爱、婚姻产生消极影响。

其实女孩儿男孩儿的玩具没有什么必须遵守的差别，大多数男孩子喜欢刀枪汽车，大多数女孩儿喜欢洋娃娃，但也不是全部，更多的是男女皆宜的中性的玩具。

我建议妈妈们一定先培养孩子对书的兴趣，把书当玩具玩，从能睁眼看东西就接触文字和书籍，一个爱看书的孩子会让妈妈省很多心。

积木是最受家长和孩子欢迎的长盛不衰的玩具。现在积木的品种非常多，塑料的木头的金属的，大小不一的，功能各异的，根据孩子的年龄段挑选更换合适的积木，对加强孩子的动手能力，开发孩子的智力有好的影响。积木是孩子经常玩且能玩很久的玩具，妈妈们注意要挑质量好的，注意一些劣质塑料或木头外的油漆对孩子的危害，并且让孩子养成玩儿完积木整齐摆放入盒子的习惯，不要大人图省事想着反正明天还玩就将所有玩具都扔在一个大箱子里，许多积木都不成套了，孩子拿起来也是乱摆一起，起不到益智的作用，也不利于孩子整洁秩序好习惯的形成。

乖乖小的时候，我在一本幼教杂志上看到有一种插各国国旗的益智玩具，到处寻访终于托人从北京买了回来，那是一个平面的地球形状的大木板，可以按照南北半球展开合上，世界主要国家的国旗可以让孩子按照图示插在地图上相应的国家，孩子在玩的过程中不仅熟知了各国国旗，还能迅速找到各个国家的位置。还有个中国地图的拼图，按照不同省份拼插，上面还有它们的简称，这些对于给孩子的地理知识打下良好基础都是非常有益的。

还有一种立体折纸，让孩子学会用剪刀，学会排列组合。全家还可以利用空闲时间一起用纸牌玩加减乘除的游戏，既锻炼了孩子的智力，有利于促进亲子关系，还培养了孩子对数学的兴趣。妈妈们甚至可以把这个游戏当作对孩子表现好的奖励，把握游戏时间，在孩子兴趣最大的时候结束，告诉他下次表现好的时候再玩，不要一次玩够玩烦。

给孩子的玩具不要随意买，要有目的性地精挑细选。现在的玩具越来越多，比如大富翁游戏有利于孩子理财能力的培养；带好几套可组合衣饰的洋娃娃也利于孩子动手及搭配能力的培养，等等。妈妈都可以好好研究一下再决定给宝宝买，不要毫无目的地出门看见了就买，家里堆一大箱乱七八糟的玩具，孩子玩一次就厌了，还起不到寓教于乐的作用。

孩子偏食怎么办

让家长头疼的孩子偏食问题很普遍，很多父母抱怨，自从孩子到了一岁之后，吃饭便成了一件令他们头疼的事。每次吃饭的时候，不是看电视，就是爬上爬下，玩玩具，弄得父母苦不堪言。有的家庭每次吃饭时就会搞得家里像打仗一样，即便是再美味的食物，也会被这种就餐氛围给搞砸了。

孩子挑食会对以后的成长有什么样的坏影响？

因为人的生命活动，包括发育、成长都要依靠营养类物质的摄入，人体所需的七大营养素，即脂类、蛋白质、碳水化合物、维生素、矿物质、水、膳食纤维哪一种缺失了都有可能导致营养不良从而引发疾病。如果孩子因偏食而造成某些营养成分的缺少，则会直接影响到人体甚至是大脑和智能的正常发育成长。长期下去会造成体重下降、面黄肌瘦，甚至出现贫血、低血糖、体温下降、脉搏缓慢、血压下降等症状。家长也不用太焦虑宝宝单纯地不吃某一种食品，这种现象不用大惊小怪，经过人类几万年的进化选择，自然界有丰富的食物资源来补充人体营养的需要，这种食物不吃，缺乏的营养可以在那种爱吃的食物中得到补充。

然而有些孩子是不吃某一类的食物，比如不吃肉蛋奶，不吃蔬菜水果，这就容易导致营养不良。还有的孩子嗜吃甜食，而吃甜食过多孩子容易哭闹、任性，肉食过量则暴躁易怒等。

在纠正孩子偏食的习惯之前，做家长的要先清楚自己孩子不好好吃饭背后的原因属于哪种情况。

有些是孩子自身的原因，比如疾病和药物的影响：各种急慢性传染病，寄生虫病，消化道疾病如胃炎、肠炎及肝胆疾病等；某些元素缺乏，特别是微量元素如锌和铁缺乏是常见的引起食欲不振的主要原因。另外患病期间服用的各种药物，如罗红霉素等药物副作用的影响也是一个重要因素。

有些是家长的原因。有的家长工作繁忙，没有时间好好照顾小孩，便给小孩较多的零用钱，让小孩随意购物，尤其是快餐、零食等。孩子本来需要清淡、稍带甜味的食物，而大人的食物大都味浓，调料繁杂。孩子味蕾长期受到过多的刺激，就只爱吃这些加了各种调味剂的食品，安全、营养方面且不论，这毋庸置疑会影响食欲。俗话说"饿吃甜如蜜，饱时蜜不甜"，孩子的胃本来就不大，胃内食物排空需要 3~4 个小时，到了吃饭时间有饥饿感觉，吃饭就香。如果不是定时吃饭，而是各种零食不断，胃就得不到休息，这样到吃饭时间孩子就没了食欲，再好的东西他也没胃口，自然就挑三拣四。还有的家中长辈较多，小孩喜欢吃什么就拼命塞，往往因此忽视了其他种类的食物。有的家庭将一日三餐演变成一日五餐，甚至更多餐，还要加上下午的水果、晚上的牛奶等。随着副餐的增加，正餐的质量便受到了影响。

再就是家长要注意烹调方法，有些家长不注意颜色搭配和形状的多样化，饮食比较单调，有的父母天天给孩子做固定的几样，虽然有荤素搭配，但很少换花色品种，孩子自然不爱吃，也很容易使孩子形成偏食的习惯。为什么孩子小的时候都愿意到别人家去吃饭啊，在自己家这也不吃那也不吃，到别人家什么都是香的，弄得妈妈特别有挫败感。这些家庭原因导致的不当饮食习惯问题需要引起父母的重视。

那么有哪些方法能帮助孩子养成良好的饮食习惯呢？

第一，让孩子参与到餐前准备中来。家长可以利用他们好奇、好动的天性，让他们帮忙摆桌椅、端菜碟、分碗筷，甚至在做菜时让他们帮忙洗菜、拿佐料。在这个过程中忌讳的一点就是家长过多指点，很多孩子小时候都有去尝试厨艺的热情，但一般在一次两次后就没有兴趣了，原因就在于父母毁掉了他们的热情。孩子第一次做的时候难免笨手笨脚，把厨房弄得乱七八糟，家长面对这种情况，千万要忍住，不要唠唠叨叨说应该这样不该那样，有些还很不耐烦地说："哎呀算了算了，你做次饭还不够我跟在后面收拾的！"面对这样的反应，哪个孩子还愿意进厨房？家长要耐心看到孩子的每一个闪光点，及时鼓励肯定，由衷地说："你第一次切菜还挺像样呢，对了，这样拿刀以防切手。嗯！聪明孩子一教就会！""你择菜这么干净啊，我们吃得可放心了，真是妈妈的小帮手。你系上围裙还真像大厨呢，以后就吃你做的菜了！"在这样的赞美下，孩子的积极性才能保持。在制作过程中，让孩子充分发挥其创造力，面对自己参与劳动所得的成果，孩子自然会大开胃口。家长吃菜时也要说："太好吃了，对你做菜最大的肯定就是把盘子里的菜全吃光！"这样孩子也会知道准备饭菜不容易，要感恩父母，也会吃光盘子里的食物以回报你。

第二，家庭养成观念：吃饭是一件很幸福的事儿。有些家长会当着孩子的面给其他人吐槽："哎呀我最愁吃饭了，一到吃饭的时候不知道费多少口舌，他就是不好好吃饭，你做再好的菜也白搭。"这就给孩子一种心理暗示，我们家吃饭就是这种氛围。

父母给孩子最好的礼物就是培养他感知幸福的能力，而幸福在哪里？就在我们日常生活的一饮一啄中。家里养成这样的习惯：吃饭前先感谢做饭的人，让大家能享受这些味美的食物。平常多说：最喜欢全家一起吃饭的时候，大家交流正面向上的话题。交谈以表扬鼓励为主，需要谈心批评的要私下专门找时间而不是把全家人的聚餐发动成批斗大会。

上述两点是大方向，要是把握好了，孩子就会慢慢养成好的吃饭习惯了。但是很多家长朋友这时候就要问了，我家孩子会好好吃饭，但是吃饭的时候会出现挑食的情况。

这种情况有生理和心理两方面的原因。

第一点，还是父母的影响：父母看似无意地评价哪种菜好吃，哪种菜不好吃，喜欢吃什么，不喜欢吃什么，都会被旁边的小人儿听到耳朵里。人都有叛逆心的，父母一本正经地讲道理，宝宝不见得爱听，无意间的交谈反而会对他产生意想不到的影响。

第二点，宝宝对食物的挑三拣四有时是源于一种人类本能的自我保护。对待新事物人们都会有一种陌生感，有的宝宝会因为陌生而产生好奇，进而希望能够去接触并得到答案，但对于一些天生敏感，生性小心翼翼的宝宝，陌生会让他们产生恐惧，结果当然就是排斥。我有个表妹从小就这样，不管递给她什么食物，她都先仔细地观察一下并闻一闻再吃。其实她也闻不出什么结果来，这就是一种源于敏感的自我保护。

　　第三点，心理学家对于偏食还有另外一种解释，那就是渐渐独立的宝宝，希望自己更加独立的另一种表现方式——自己决定吃什么！宝宝从出生到他们学会自主吃饭以前，一直都是被动的，也就是他们自己基本没有选择食物的权利，唯有把不喜欢吃的从嘴里吐出来。有一点父母可能没有注意到，孩子挑食、偏食甚至拒绝进食可能是他们对父母的一种反抗。不少父母对孩子吃什么、吃多少过于关注，无形中给孩子造成很大的压力，孩子能做的就是索性不吃。这在独生子女家庭非常多见。在很多家庭，孩子吃饭好不好，甚至直接决定了全家人的心情。孩子每天该吃什么，什么时候吃，全家天天开研讨会。然而，大人在意的是孩子吃多吃少，却不关心孩子怎么吃，吃得是否愉快。

　　第四点就是有些食物的外观、气味、纹路引起宝宝不愉快的感觉，他就会拒绝食用，下次见到此类食物，他也会排斥，慢慢范围扩大，偏食就严重起来。有些父母生怕孩子营养不够，对孩子的饮食要求，总是有求必应，从而使孩子的口味越来越高，专挑自己喜欢吃的东西吃。

　　第五点是源于宝宝的经验。如果宝宝曾经对某一食物留有不好的印象，也会排斥这一食物。例如，便秘期间吃过含粗纤维的韭菜、芹菜，病愈后宝宝自然就会将这两种蔬菜与疾病联系起来。还有一种情况是孩子在吃某类食物时有不愉快的经历，比如他正吃面条时，父母因为他调皮捣蛋大声斥责他，或者受了什么委屈和惊吓，那么这种食物就很容易让他无意识地联想到自己当时的不愉快，于是就下意识地拒绝食用。

还有一种情况是有时候小孩子的偏食，是为了引起父母亲的关爱。如果平时父母对孩子关爱不够，他们慢慢就会总结出当自己不听话的时候，父母会表现出更多的注意，他们就会用这种方式来吸引父母，慢慢地演变成了真正的偏食甚至是厌食。

人类的心理作用是非常强大的，远远强大过我们当前研究所能掌握的程度，我们不能只受其负面影响，做父母的一定要利用好这个强大的武器，让自己的宝贝彻底告别偏食的坏习惯。

总而言之，针对孩子挑食的问题，其解决不是一蹴而就的，家长需要做到以下几点。

第一，要培养宝宝良好的饮食习惯，父母首先要以身作则，改变、调整自己的饮食习惯，最起码在宝宝面前不要显露出特别的饮食偏好。努力让他吃到各种各样的食物，以保证身体发育所需的营养。吃饭时总要对每种食物表现出很满意、很享受的神色。

第二，给孩子贴上不偏食的好标签。不要让孩子自己总结出我偏食的结论，家长更不能当面定义孩子偏食以加强他在这方面的敏感意识。当着孩子的面与别人交流时，不看他，用肯定的语气说："我孩子不挑食，偶尔不吃什么东西，但知道这个对身体有好处，也会去吃，他是个比较理智的孩子。"

自家吃饭时可以举个莫须有的例子说你朋友的孩子怎么挑食，他妈妈很头疼，如果那个孩子像你这么懂科学道理就不会挑食了，等等。这里注意，我用的是"他妈妈很头疼"而不是"急死了""愁死了"之类的，因为孩子都想让父母多关心自己，他们还不懂得别让父母担心的道理，如果你为他挖空心思他会很得意。这个时候你还可以就此进行一些对父母感恩的教育，表扬一下自己的孩子懂事不让父母操心，说自己很知足之类的话。当然这些话要依照你们家的习惯和氛围来说，不要说得太虚伪，让孩子更加逆反。

第三，让孩子通过各种渠道去了解一些营养学的知识。这个时候爱阅读的孩子的优势就体现出来了，还没有阅读能力的孩子，家长可以从网络上搜集一些介绍食品营养与安全的动漫，以孩子感兴趣的方式让他学习一些营养知识。再大一些的孩子，比如上小学、初中的孩子，可以鼓励他结合班级的活动，做一期板报或者给同学们做讲座，就讲食品营养与安全的话题。这样在准备的过程中他自己就接受了一些科学的观点，这就比家长灌输给他让他被动接受更有效。这种方法，不仅适用于偏食，还可应用于生活习惯的其他方面。

第四，利用偶像的力量。以孩子喜欢的影视人物或现实生活中崇拜的哪个人为例，说到营养健康、美容聪慧等特点，吸引孩子多吃营养食品以接近偶像。比如说："你简直成了大力水手，他只吃菠菜，你什么青菜都吃，身体这么强壮，都成了妈妈的保护神了。"看电视时可以赞美："这个演员皮肤这么好啊，他们演员对饮食特别苛刻，坚决不吃垃圾食品，每天吃多少水果、蔬菜都是定量的，所以才这么漂亮。"也可以直接对女孩子说："我们小美女皮肤这么水灵，跟最近少吃糖多吃水果有关。"等等。

第五，家长需要关注孩子偏食的原因，及时排除身体各种疾病，控制餐间的点心与零食、安排合理的室外活动以增加孩子的食欲。

第六，父母要学会多做花样，不能日复一日千篇一律地做几样菜。这个问题在我们群里就能学习解决，经常有大厨教家长们如何将一些食材改头换面之后，加工成孩子们喜爱吃的食品，也可以把孩子平时不喜欢的果蔬比如胡萝卜、香蕉等切成小丁放在酸奶里，或者直接用料理机打成复合果汁，不用放糖，放上一根香蕉就足够甜，非常好喝，大家可以试一试。家长准备的饭菜尽量采取儿童喜闻乐见的形式，让孩子感觉吃饭是一种享受。

第七，严禁强迫孩子进食。如果有人打着关爱的旗号在我们不饿的情况下硬劝饭菜，我们成人会不会很反感？孩子不愿意吃饭是不饿，一两顿不吃没事儿，家里除了水果别备零食，下一顿饿了自然就会有好胃口。

我们家从来没出现过追着喂孩子的情况，自从会拿勺子，孩子自己坐那儿吃饭，爱吃就吃，如果中间去玩儿，回来碗筷就收拾了，没人等你，这是规矩。从刚喂饭时我就用夸张的语气夸她："乖乖嘴张这么大啊，是个小老虎啊！乖乖吃饭这么好啊，怎么吃得比妈妈都多啊，吃饱了就差不多了吧，吃不了就算了吧，哎呀吃得又快又好啊！"孩子每次都将小碗吃得光光的，得意地挺着小胸脯听妈妈由衷的赞美。这样的进餐氛围对她来说是愉快的，是接受肯定的过程，她自然就愿意享受。试想妈妈一边追着孩子喂饭，一边唠唠叨叨："这孩子怎么吃饭这么费劲啊，你看人家谁谁谁长得比你高，也比你壮，上次都把你推倒了吧？你还吃不吃啊？吃不吃啊？你不吃我收拾了啊，回来没有了哈！"结果孩子玩回来，饭菜照样摆那儿等着，长此以往势必对你的唠叨充耳不闻了。家长忍住一次两次，让孩子挨饿尝试一下，让他知道不按时吃饭就得等下次时间。三分饥寒保平安，孩子饿不坏的。

严禁出现在吃饭时对孩子大声呵斥责骂，硬逼着他吃完碗里所有饭菜的情况，这种不愉快的经历会影响他以后的食欲。有什么脾气要发，务必忍耐到吃饭两个小时以后，到那个时候你也就没脾气了。学学网上流传的那个段子：爸爸看到儿子拿回试卷，数学零分，语文一分，忍耐了半天，缓缓地说："儿子，你有点儿偏文科啊！"

第八，尊重孩子，允许孩子对食物有偏好和选择的权利。父母应该允许孩子根据自己的偏好，选择自己喜欢的食物。我们只要逐步培养孩子更广泛的口味，培养对各种食物的接受能力和良好的饮食习惯，合理安排膳食，弥补偏食孩子的营养不足。不要较劲儿，说"我就不信改不过你这毛病来"，给孩子来硬的。

偏食形成的原因很大程度上是来源于家长，习惯一旦形成，改变只能循序渐进，需要家长耐心对待。

温柔如水的孩子谁不爱

老子说：上善若水。赵传唱：我很丑，可是我很温柔。

我们现在为人妻为人母的人都能意识到脾气对一个人一生影响的重要性，从社交、工作到爱情、家庭，甚至可以得出这样的结论：一个孩子脾气的好坏直接决定他一生的幸福。

曾经参加过一个大的家庭夏令营，父母带着孩子在近郊游玩两天。其中有个妈妈带着女儿在那两天的行程中颇引人注目：

妈妈长得挺漂亮，也温柔婉约，女儿大概十二三岁，长相平平，脾气暴躁，脸上永远是不耐烦的表情，稍不如意就发火。因为都不是特别熟悉，她对其他孩子发火，别的家长也就一笑了之，别的孩子忙于结交新朋友熟悉新环境，也不把她的蛮横放在心上。只有她的妈妈一直在小心翼翼地伺候着，在她莫名发火后不好意思地对别人解释大家族里就这么一个女孩儿，老人宠坏了云云。

第一天大家去爬山，她一副不屑一顾的表情，在妈妈的小声劝说下跟着队伍出发了，沿途又埋怨又发脾气；吃饭时她不喜欢吃的扔出来，喜欢吃的除了吃完自己的再示意她妈妈问别的孩子要，而她妈妈居然真的去要了！我当时就明白了她脾气坏的主要原因。坐车时她要坐在前面靠窗，如果谁占了她的座，她妈妈会出面解释她晕车，让其他人让座给她，等等。种种不可思议的作为使她成功地成为了那次夏令营的坏典型，父母们都在背后议论她并以此教育自己的孩子。

我很同情那个女孩子，她必定是一个不快乐的人，从她满脸的烦躁中就能看出来，她的坏脾气不仅折磨着自己，也折磨着她的妈妈。

看她妈妈的样子也是受过高等教育的，何以把自己的女儿溺爱成如此模样，实在让人深感遗憾。在这个女孩子小的时候，在她初露急躁脾气的时候，妈妈应该把握好女儿性格发展的走向，及时引导梳理，不要让她认为我不管怎样任性都会有人帮我收拾烂摊子，这样一身公主病的女孩子在离开父母庇护走向社会后会被伤害得体无完肤，她妈妈对她的教育可以说是非常失败的。一个真正爱女儿的妈妈要从长远看待女儿一生的快乐幸福，而不只是单纯满足她一时的任性要求。

乖乖小的时候也出现过一些坏脾气的苗头，这是我当时的日记：

2001年7月

爸爸放暑假后跟妈妈一起回新泰。乖乖欢欣雀跃后伸出手给爸爸妈妈告状："破！破！"爸妈齐问怎么了，乖乖形象地做出摔倒的样子说："一歪，倒了！"爸爸问谁摔的，乖乖扭头看爷爷说："打爷爷！"爷爷一脸歉意地说："对！打爷爷。"乖乖走上前去作势要打，妈妈一看惯成这样忙呵斥："怎么能这样？！谁家的孩子这么没礼貌？"乖乖原想向妈妈撒娇，见遭到呵斥一脸委屈，小嘴一瘪放声大哭起来。全家人一起鸣不平，妈妈忙抱起她走到一边，转移她注意力，立刻好了，然后细细教育了她，乖咪低头不说话。但以后的几天乖咪吸取教训，一说稍有不妥的话先看妈妈脸色，我也察觉到了，就尽量和颜悦色地跟她说话以免造成她的心理负担。

乖乖从小就特善于吸取教训，平常在哪儿摔倒了，再走过那儿时自己就伸手打地嘟囔："不平，倒！"我告诉她："地是平的，乖乖自己不小心才会摔倒，下次要小心一点慢一点，在同一个地方摔倒两次就是小笨蛋喽。"

乖乖最近有些坏习惯如不让别的小朋友动她的车子等，这时候妈妈就会耐心教育她，小朋友再动也就没有异议了。在外面吃东西时妈妈都教她分给小朋友并且最后才分给她，她也能耐心等待。我带她到外面院里玩，看到小朋友的车，她想上去骑。我征得别人同意后让她上去了。玩了一会儿，车主人——

一个比她小的小男孩过来动动车，她大叫着不愿意。我很生气地教育了她并把她抱下车，结果她嚎啕大哭，幸好她从不长时间没完没了地哭，一转移注意力就好了。回家我给奶奶告状，奶奶说："她从没这样过，这是看见她妈来了有点狗仗人势。"乖咪自己若无其事地重复"狗仗人势"，好像说的不是她。我告诉她，这个世界上有好多好多好玩的东西，但是并不都属于你，有些爸爸妈妈上班挣钱能给你买到，有些需要你跟小朋友交换，有些需要你长大自己挣钱去买，有些你永远也得不到。珍惜你现在有的玩具，好好玩并且能跟别的小朋友分享，下次你才能在别人同意的情况下去玩人家的玩具。乖乖看书能懂道理，这些话我给她说一遍她就能听进去。

乖乖大概一岁多的时候，刚从奶奶家生活了一段时间回来。一次在外婆家她不睡午觉，我抱她唱歌哄她睡觉她却一直哭，具体忘了是因为什么，总之是耍小脾气。我很生气地把她放在沙发上让她自己哭。外公外婆一向对孩子要求很严格，对此也不干涉。放下她后，她嚎啕大哭，三个大人平静地吃饭，偶尔还聊天，都对她的发脾气表示无视。大概有半个小时，她也哭累了，叫妈妈过去，然后总结了一句："在外婆家，哭不管用！"自己见无效后再没有重蹈覆辙。

乖乖长大后一直性格平和，一般青春期女孩子有的莫名其妙的哭泣与歇斯底里的发泄她都从未有过。我也曾担心她是不是太压抑自己了，她却笑着说："我就是这种性格，每天都是过，干嘛不开心快乐一些啊。"

我现在能回忆起来的我们娘俩唯一的一次不愉快是她上小

学二年级，那几天婆婆回老家了，丈夫出差了，我一边上课一边复习考博士，心里比较烦躁。每天早上起床叫她时也很不耐烦，总是催促快快快，她也很不痛快，虽不说话但也是一脸不高兴，磨磨蹭蹭地吃饭下楼去上学，终于有一天早上她在我的唠叨声中非常恼怒地甩门而去。

这是她第一次激烈地表达自己的不高兴，那"哐当"的一声也使焦躁的我一下子冷静了下来。我仔细考虑了一下：是，现在这段时间我比较焦虑，可是孩子没有错，她每天早上一睁眼就面对的是妈妈的唠叨不满，还没有做什么就被我的情绪否定了一切，在这样的环境中走出去她在校园里怎么可能开心呢？奶奶和爸爸不在，她连一个转移情绪、给予安慰的人都没有，她还这么小，我如此不负责任地把自己的不良情绪转嫁给她，会对她造成多么恶劣的影响啊？扪心自问我非常自责，枉我还称自己为教育工作者。

中午放学回家，我抱住乖乖说："乖乖，妈妈给你道歉，这几天我自己又上班又做家务又复习考试心情比较急躁，对你的态度不好，希望你能原谅妈妈。"她懂事地说："妈妈，我在路上还想着回家要给你道歉呢，你让我别磨蹭是为我好，我不该发脾气。如果有什么事你让我做，我很高兴能帮妈妈！"

说实话，那一刻，拥着如此乖巧懂事的孩了我就想：考个上博士算什么，自己累点算什么，我有这么好的宝贝还有什么不知足的呢？

从那时开始每天早上叫乖乖起床时我会调整好自己的情绪，提前两分钟先过去亲亲她，在她迷迷糊糊要醒过来时就一边欢快地叫她一边按摩她的手脚，让她每天早上一醒来就沉浸在欢乐的氛围中，一天都能保持好心情。

二十二年来，我没有因为自己的情绪迁怒过孩子，没有无缘无故地对她发火，即使在她犯了错误的情况下也尽量克制自己，心平气和地去处理，当然说实话乖乖犯错误的情况也非常少，顶多是出门磨蹭一些或不小心打翻什么东西之类的。

高一暑假到英国来也发生了一件让乖乖"破功"的事：我们在沙滩上玩，乖乖在专心致志地用沙子做一个美人鱼的造型，在她辛苦了半个多小时刚做好，认为尽善尽美了准备照相留个纪念时，一个半大男孩跑过来冲向大海，把她的杰作踩了个粉碎。当时我不在旁边，回来后丈夫给我描述她很失态地痛哭且言辞激烈。我抱着还在小声抽泣的她问："值得吗？"她又激动起来："我费了那么大劲！你都没看看我做得有多么漂亮，我还没照相留个纪念呢，我还没让你看看呢，他就给我全踩坏了！""你做的时候很快乐，做好了很有成就感，这不就很好了吗？妈妈能想象你做得很漂亮，也能体会被踩坏了的可惜，可是你如此激动有什么意义呢？""怎么没有意义？我心里难受，表现出来就不难受了！""你现在真的不难受了吗？"她坚持："是啊，好多了！"我始终抱着她轻声问："好，好处是你发泄了感觉痛快些了，坏处呢？你能总结一下吗？"她想了想，看了看周围，有点不好意思地说："大概影响不好吧。"我说："你想一下，周围都是英国人，他们不认识你，但他们知道你是中国人，他们不知道你辛苦地做了这么漂亮的造型，他们看到的就是一个中国女孩莫名其妙地发作了，他们会不会从此对中国人有成见？当然你只是个孩子，不会有什么特别重要或恶劣的影响，但是以后你长大了也如此发作的话会不会对自己和咱们国家都有不利的影响？再者说，你受委屈发泄这是正常的，你可以跑去跟爸爸妈妈哭诉一下，这样当众发作你自己的感觉不会特别好吧？"她小声说："是啊，现在有点后悔了。"我说："妈妈能理解你，我也是从女孩子走过来的，以后注意稍微控制一下就可以了。现在你再去堆一个吧，不就是玩吗？都是身外之物，将来你还有可能因为各种原因失去心爱之物，你要做好思想准备。另外再想一下那句话：不要为打翻的牛奶哭泣。你是个聪明的孩子当然知道以后该怎么做。不管怎么样，妈妈爱你！"她很快开心地去玩了，我想她也吸取了应该吸取的经验。

在孩子小的时候言传身教一些道理他会自然而然地接受，认为这是理所应当的。如果现在是青春期的孩子，已经惯坏了脾气，妈妈就要认真想想办法了。看到杂志或电视上有因为坏脾气而导致的悲剧要有意无意地给孩子看，平常评论电视剧情或家长里短时也要有目的性地给孩子灌输坏脾气危害大的观点。在孩子心平气和时真诚地跟他谈心，告诉他坏脾气危害首当其冲的人就是他自己，自己不快乐，也无法形成平和的小气场，朋友就不会喜欢他，将来的恋爱、婚姻也会深受其害。在参加公众聚会出门前要和颜悦色地说需要他注意言行，回来后对他的进步提出表扬。不要泛泛地说，要针对他今天的哪一句话哪一个行为做得非常好进行评点，让他体会到好脾气的优势。适当地也要对他不当的言行进行制止和教育，告诉她妈妈爱他，正因为爱他才更要为他将来的幸福负责。

一个温柔如水的孩了谁不爱？即使是男孩子，温柔沉稳也是让人喜欢的，没看网络投票哪个地域的男人适合选做丈夫，温柔的上海男人稳居第一位，这也是如今暖男得以大受欢迎的原因吧。

培养孩子的好脾气，我总结有下面几点：

一、养成看书的好习惯

书中的道理对孩子来说是潜移默化的，让孩子从小养成爱看书的习惯对家长来说是一条教育孩子的捷径。

二、让孩子知道爸爸妈妈爱他

中国人的传统是内敛，很多家庭都不习惯相互表达感情，甚至有些父母认为对自己的孩子还用说吗，我为他做了那么多他还感觉不出吗？天天把爱挂在嘴边多造作啊。

其实作为女人我们都知道，我们需要听"甜言蜜语"，我们需要拥抱抚慰，我们喜欢丈夫把爱挂在嘴边。已经成人的我们尚且如此，何况人生观、世界观都还没形成，对这个社会充满了茫然的孩子，尤其是女孩子呢？

知道有人爱他，心里就会平和，就不会那么焦躁。做妈妈的你，学会对孩子表达你对他的爱吧，人类创造语言不就是为了表达情感的吗？他是这个世界上我们最关爱的人，也是我们倾其所有也无怨无悔地去深爱的人，不求回报，只要他好。把心中的爱告诉他，让小小的他充满安慰有什么不好意思呢？

三、妈妈要做孩子的知心朋友加领路人

让孩子明白一个道理：每个人都有自己独特的人生之路，妈妈不会干涉你，只是在你年龄还小，还不能完全把握自己的方向时引导你。如果这个世界上只有一个人对你是无欲无求地爱着，那个人就是妈妈。所以妈妈现在做的所有的一切都是为了让你将来更好地独自走自己的路，妈妈在言行上对你的要求，都是为让你成为一个可爱的孩子打基础。但是妈妈不会控制你的人生，你的人生只有自己把控。

让他明白这个道理后能在内心接受你做朋友，愿意听你的指导。

四、坚持原则，不要溺爱

无论孩子年龄大小，只要言行不当，母亲一定要找合适的时机和颜悦色地对他进行教育，让他知道这样做不对，形成一种条件反射，知道这种行为损人不利己。不要幻想孩子长大后自己懂事就好了，你要知道这个懂事的代价有多大，有时候只是在社会上摸爬滚打伤痕累累，有时候可能就是葬送掉终生的幸福。

五、言传身教，好脾气是以善良为基础的

当一家人关起门来过日子时，妈妈千万不能人前一套，人后就原形毕露，你在孩子面前的所有举止都会影响他的性格和脾气，你想给孩子造成什么样的影响全靠自己把握。

孩子的好脾气是以善良为基础的，让孩子多接受与人为善的观点，学会赠人玫瑰，学会享受善良带给生活的轻松和快乐，这一切都需要妈妈先做到，而不是一边强调善良一边挑唆孩子去争名夺利、压榨欺骗、不吃一点小亏。

还有些妈妈认为善良被人欺，这就是我下一条要讲的，不要矫枉过正。

有的妈妈会教孩子如何去勾心斗角以适应这个社会，其实到了一定的年龄就会明白，傻人有几个？对那种宫斗戏里的小把戏，有人看透了不说，有人乐此不疲，但细想来有什么意义？"吃亏是福、日久见人心、难得糊涂"这都是生活中千锤百炼的真理，有花在勾心斗角上的时间不如放在修心养性加强一下个人的能力上呢。

一个聪明的妈妈会让自己的孩子学会善良美好，这个世界对你的态度就是你对世界的态度。想想你周围善良诚恳的人和心机深重的人你对哪个有好感，在他们需要帮助时你更愿意对哪个施手相助？

六、不要矫枉过正，好脾气不是老好人

但是妈妈们的担心也不是空穴来风的。"人善被人欺"，好脾气好性格不是让孩子做唯唯诺诺的老好人，社会上确实存在的尔虞我诈让孩子去体会，学会自我保护但不随波逐流。对那些素质低下以欺负老实人为乐的人，不要堕落到与他们睚眦必争逞一时口舌之快的地步，让孩子学会疏远这种人并发奋图强在能力上超过他们让他们自惭形秽。多给孩子看一些像周恩来总理那样低调地做人，智慧地回击恶意挑衅的经典事例。

七、让孩子学会灿烂地去微笑

微笑是女孩子最好的化妆品。

不知道别人注意过没有，单看脸上的笑容，就能分辨出是否是中国人。我去欧洲旅行，在一个城堡外面看到两个年轻的女孩子穿着中世纪的衣服在跟游客互动照相，因为都浓妆艳抹，雪白的脸、假睫毛，一时分不清是否是西方人。但是一看她们两个脸上的笑容，一个阳光灿烂，一个含蓄羞涩，立刻可以判断后一个是中国人。上前一说话，果然是打工的中国女孩。

我们中国人的笑很少有发自内心明朗的笑，这跟我们的文化背景、民族特点及生活习惯都有关。我们一直奉行的人生哲学是"防患于未然""人无远虑必有近忧"，我们有过多的压力，

很少像西方人那样"今朝有酒今朝醉",像他们那样举债住房子开车买家具,我们一度都难以想象,这几年才开始接受。我们还强调"防人之心不可无",所以我们难得毫无防备地对陌生人展开笑容。生活哲学和民族性格使得我们很少满足畅快地笑,这就使得那种脸上带着甜美微笑的女孩子或明朗阳光的男孩子都特别令人珍惜。

但是妈妈要提醒孩子注意,宁愿不笑也不要假笑。周围那些眼神冷漠一脸假笑的人没有几个有好人缘的,主要是缘于人们一看这种不是发自内心的笑就会心生提防排斥。

多爱孩子,多给他创造微笑的机会,养成每天对自己对他人微笑的习惯,不仅是对自己快乐的肯定,也会给别人带来沁人心脾的好感。正如古龙所说:爱笑的女孩子,命运都差不到哪里去。

总之,孩子拥有平和的好脾气是终生受用的,像上面举例说的那个脾气暴躁的女孩子并没有随她妈妈的漂亮婉约,而是带着恶相,这跟性格脾气也是有很大关系的。

培养读书的好习惯

我一再给孩子和学生说"腹有诗书气自华",这绝对是千锤百炼的真理。多看书可以陶冶孩子的情操,我甚至觉得可以这样解释古语中的"书中自有黄金屋,书中自有颜如玉"。读书多了智谋多,所以谋生手段就会多,自然会有黄金屋。书读多了,气质得到改变自然会变得美丽。所以也不是单像古人说的那样唯有读书科举成功了就被动地有黄金美女，我们也可以主动地拥有这些。

在孩子刚睁开眼时就让他识字，刚会抓东西时就让他玩书，刚会看书时就让他给家人表演讲故事，给予他最大的鼓励和肯定，让他体会到阅读的快乐。

因为我自己只爱看些感性的言情小说、诗词歌赋，为吸取教训，我在乖乖小时候看的书里精心准备了数学、物理、化学、地理、天文等方面的书籍，让她自然而然地接受一些广泛的自然科学的知识，为她今后不偏科做准备，如今看来这还是有效的。她现在选择理科的一个重要原因就是喜欢生物，经常全级第一，这跟我当时给她买了许多海洋生物、动植物、昆虫世界等科普书有关。

上初中时乖乖一度迷上了在她们同学间流行的《鬼吹灯》《盗墓笔记》等，人开始疑神疑鬼。我没有因此禁止她看这类书，而是热情向她推荐金庸的小说，先从《射雕英雄传》看起，几天迅速看完又开始看《神雕侠侣》。乖乖一边看得茶饭不思一边装模作样地说妈妈我都要中考了你推荐我看这个？！其实她心里偷乐呢。

我对她说，真正学习好的人是不会天天趴那儿学习的，应该兴趣广泛，什么也不耽误。而且我开始看金庸就是她这个年纪，书中那些波澜壮阔的情节所带给我的精神享受使我至今沉醉其中。不管怎么样，学习在人生的哪个阶段都不可缺，但也都不是全部，通过功课之外的阅读去接触世界也是一种很好的学习方式。

林清玄在《生命的化妆》中说，女人化妆有三个层次。第一层是我们普通意义上的化妆。第二层化妆，是改变体质，改变生活方式、保证睡眠充足、注意运动和营养，改善皮肤、使精神充足。第三层化妆，是改变气质，多读书、多欣赏艺术、多思考、生活乐观、心地善良。

有一点不知道大家注意过没有，知识跟文化是两个概念，经常发现理科的大学生专业知识比较丰富，但写出东西来错字连篇，说话乏善可陈，一交流更是让人担忧，甚至连中学语文、历史课本上的基本知识都不知道，更遑论诗词歌赋了。

当然，生活中没有这些东西我们也可以过得逍遥自在，但是苏轼写的"腹有诗书气自华"确实有深刻的道理。喜欢读书的人，不在乎是否有高学历，但一定有文化修养。经常读书的人，一眼就能从人群中被分辨出来。特别是在为人处世上也会显得从容、得体。我们看毕淑敏、于丹都是长相普通的人，但是她们静下来自有一股内敛的风华，言谈举止书香十足，这断不是模仿能学来的，需要深厚的文化知识积淀。

罗曼·罗兰曾劝导女人多读些书，读些好书，知识是唯一的美容佳品，书是女人气质的时装。

如果孩子一直不爱看书，那么让他先从一些文化快餐看起，比如《读者》《特别关注》上面都是些短小隽永的文章，能起到心灵鸡汤的作用。金庸武侠小说很容易看进去，并且金庸博览群书，作品中天文地理、诗词歌赋、儒墨释道、诸子百家无所不包，还有对人生，对爱情、友情的思考，在阅读引人入胜的情节时，你不由自主就会受熏陶，看到喜欢的话就可以追本溯源去查阅原文。乖乖就是仕着到金庸的《神雕侠侣》里，杨过偷看程英反反复复在纸条上写的"既见君子，云胡不喜"这句诗,从而喜欢上《诗经》的。

随着喜欢阅读的程度加深,就可以根据自己的喜好、需要去看一些诸如修身养性、文学名著、诗词歌赋、历史、哲学、心理学等相关的书籍了。

只有书籍能源源不断地给我们提供营养,如长者、如良友,教我们如何面对生活,让我们的心灵洗去世俗的蒙尘,日渐丰盈。

人独立的气质和魅力是可以通过读书来后天培养的,文化知识能够让心灵放出奕奕神采,从而使人的气质与风度显现出来。教孩子要在有书相伴的人生路上不断完美和成熟,一生都有良师益友相伴,才会不再畏惧年龄,保持永恒的魅力。

所以,妈妈和孩子一起养成阅读的好习惯吧。

腹有诗书气自华

乖乖上高中时,语文课本上需要背诵的古文或者诗词对她来说相当于娱乐,即使算不上过目成诵,通读几遍她也能全流畅背诵了。但是对政治她就比较头疼,无法像诗词一样去背诵那些论述题,她自己总结是因为小时候读的诗词多有语感了。

因为我本科的专业是汉语言文学,从小又对诗词歌赋感兴趣,所以在这方面给乖乖的影响比较大。其实认真追究起来,我对诗词的爱好并不是天生的,应该是启蒙于父亲。我至今犹记得小时候坐在他膝上请求他讲个故事时,他会给我讲一些历史典故,像是伍子胥过关一夜白头、三皇五帝、慈禧太后、包拯等故事最初都是从父亲那里听来的，有时他想不起什么故事来，会教我背毛主席诗词，我相信那是当时的时髦，因为记忆力好，我经常当众背诵，这不仅使平凡的我有了一点自信，那些朗朗上口的韵律更让我初尝了诗词的美丽。

乖乖在母胎里起，就听着我信口背诵诗词，中学时背过的《琵琶行》一直没忘，我喜爱的宋词也常呢喃给她听，我个人觉得对孩子来说，唐诗宋词带给她们的愉悦并不少于儿歌的朗朗上口。哄乖乖睡觉时给她唱英文歌或者背诵我喜爱的唐诗宋词，儿歌是她自己诵读用来识字的。

关于诗词，乖乖小时候还颇有些典故呢。

应该都是一岁到两岁间牙牙学语的时候。有次带她到市政广场，面对远处群山，脚下的水池，乖乖奶声奶气地说"山是眉峰聚，水是眼波横"，很应景啊。

有天妈妈上班去了，乖乖在外公家看到外面细雨如织，悠悠叹道："春风桃李花开日，秋雨梧桐叶落时。"回家外公汇报说我们都忘了哪首诗里的，乖乖在旁边兴致勃勃地插言："不就是《长恨歌》嘛。"

乖乖有辆四个轮的滑板，很小就能让我们推着滑。有次我推着她，她双手握把下一个缓坡，阵风徐来，她豪兴大发地喊："我欲乘风归去！"

甚至在乖乖小便的时候还美化了自己几次。

有次在门口的高台上尿尿，看着哗哗往下流的尿说："君不见黄河之水天上来。"还有两次根据情形分别形容了"但闻黄河流水鸣溅溅"和"一江春水向东流"。

因为那时年幼，她能如此充分理解诗词的意境我们自然万分惊喜，这也给她长大后喜欢诗词打下了基础。

苏轼说"腹有诗书气自华"确实有道理，妈妈们即使自己对诗词不感冒，也可以备几本掌中书在哄孩子睡觉时诵读，从他懵懂无知时开始，让他自然而然地接受诗词的浸润，是使他一生都获益的事。

培养孩子的自制力

自制力无论对男孩儿还是女孩儿来说都是至关重要的，对女孩儿来说还有一个非常重要的作用，就是从小培养自制力以抵御成长过程中有可能面临的各种诱惑。

关于这一点我在乖乖很小的时候就开始有意识地培养她了。记得以前看过刘亦婷的父母为了锻炼她的意志，让她单脚站立或手握冰块，初衷是好的，但我个人认为对女孩子可以用更自然柔和的方式，当然孩子性格不同，具体方式家长自己可以把握。

乖乖五岁之前没有吃过冰激凌，因为我是学食品的，知道在我国奶源不充足的情况下，这类食品是不可能用新鲜牛奶去做的，孩子吃这个没有任何好处。但同时我也是从一个女孩子长大过来的，知道冰激凌的口味对女孩子那种纯感官享受的诱惑，夏天时我也很爱吃。她两岁左右，第一次我当她面吃冰激凌时告诉她："这个非常好吃，但是对身体没有一点好处。妈妈知道你是个自制力非常强的孩子，相信你可以看着妈妈吃而不问妈妈要。"她点点头，在我旁边玩，无视我畅快淋漓的吃相。

外婆在旁边实在看不过了，说："你让她尝点儿。"我灵机一动，想到这样更好，让她知道美味了还能拒绝更是锻炼自制力。我举过冰激凌说："你只能尝一小口。"她小心翼翼地伸出舌尖轻轻抿了一点，我知道爱甜是人的本能，几乎很少有女孩子能抵御这样的口味诱惑。我问她："好吃吗？"她毫不犹豫地说："好吃！""你现在还能忍住不问妈妈要吗？"她坚定地点点头。但是我感觉到她已经玩得心不在焉了，终于在我手里的冰激凌已经所剩无几时，她慢慢蹭过来，小声问我："你为什么吃？"

我告诉她："因为妈妈的自制力不如你强！"当着她的面我把剩下的冰激凌全吃掉，然后蹲下来抱住她问："你恨妈妈吗？"她摇摇头，我用对大人说话的口气说："乖乖你是个了不起的孩子，很少有孩子能做到你这样，你有很强的自制力，这对你的一生都会有利，妈妈相信这是好吃的冰激凌所替代不了的。"她很高兴，小小的胸脯挺了挺，这样的精神奖励对她来说更重要。

吃饭时我又在饭桌上当全家人的面大大夸奖了她，我给她贴上了"自制力强"的好标签，她自己也对此深信不疑。以后我再当她面吃冰激凌或其他任何垃圾食品，她都能很轻松地无视了。

带她出去跟一群孩子玩时，总有女孩子看到别人吃的东西去要或问自己的家长要，乖乖从来没要过一次，她知道那不是自己该吃的。而她的东西，我每次都会让她与小朋友分享，如果剩下不多，她可以放弃不吃。

一直到五岁时，邻居看不过去满屋的小朋友都在吃冰激凌而她自己不吃，说："其实人生就那么短暂，不用那么较真，只要她觉得好吃就吃吧。"我过去对乖乖说:"你是大孩子了,已经知道这个好吃但无营养了,可以自己决定了,你愿意吃就吃点吧。"她在五岁那年吃了第一支完整的冰激凌,但是直到现在她也对此不是很热衷,我知道冰激凌无益于健康的理念已经根深蒂固地种在她心里了。

很小的时候我抱她去商店,告诉她我们今天需要买什么,而我们之所以能买就是爸爸妈妈离开她去上班挣钱才能做到的。爸爸妈妈挣钱有限,我们不可能看到什么喜欢的都买,这个世界上的好东西太多了,我们不可能都拥有,我们拥有自己需要的就已经很好了。这种理念的灌输是每次去商店通过一两句话逐渐灌输的,时间长了就成了她自己的理念。

两岁时带她去商店,我指着一种酸奶说:"乖乖你想喝这个吗?"她看了一会儿,奶声奶气地说:"算了吧,家里还有。"把售货员听得惊奇地说:"这小孩儿怎么这么懂事啊?"

我悄悄对她说:"乖乖,如果你非常想喝就告诉妈妈,我们挣钱就是为了享受生活的,这种口味跟家里的不一样,而且对你的健康有利,我们可以买的。"她才欢快地表示了想喝。

同事的孩子每次进商店不买东西不出来,不管需要不需要,只要看中的必须买,以至于同事不敢带她去商店。针对这种情况我会跟乖乖探讨:"她不知道这样要求对她妈妈来说有多为难,她要是像你这么懂事的话,她妈妈肯定非常高兴。"这是从侧面肯定了她的自制力。

稍长大后每年都会带她出去玩,爸爸带她出去时会买回很多贵而不实用的小玩意儿,我当时不说什么,隔一段时间后我会让她看一下那些东西,问她:"买回来后你动过吗?你真的喜欢吗？如果那些钱不买这个的话，你可以买一本很好看的书或者实用的文具。"她深以为然，也很懊丧当时冲动买下这些无用的东西。

我带她出去时她也会看到喜欢的小东西，我会让她想一想：你非常喜欢吗？买了特别开心并且回去也能玩吗？如果是，你就买，我们买个好心情也很值得。

有次在海边旅游时，她看中了纪念品商店里的一堆贝壳，我照常问她："回去你会玩吗？上次你自己捡的那一大包贝壳放到哪儿了你还记得吗？那个最起码你当时捡的时候是快乐的，这个比你自己捡的是漂亮，如果你非常喜欢的话就买。"她想了想，摇头说："不买了，回去我根本不可能再玩了，不如我自己在海边捡贝壳快乐。"

上学后别的小朋友都喜欢在校门口买各种小吃，这对小孩子来说是极大的诱惑。乖乖从来没有问我们要过零花钱，因为在此之前我们已经交流过那些小食品有多么无益，我正好给学生上食品安全课，学生们课外活动时还专门组织到乖乖她们班去讲了这些批发市场批来的三无产品的危害。乖乖只带酸奶喝，因为我告诉她酸奶对她的身体和美貌都会有很好的作用。校门口的小商贩也会卖些七零八碎的劣质玩具等，我会让乖乖告诉我这些玩具对她有什么用，有什么危害，启发她自己总结玩这些东西的弊大于利。

一直到上了高中，乖乖都不要零花钱，经常我给她五块钱让她以防万一，也是隔好几周了还在书包里放着。这还是缘于有一次夏天天很热，她们上体育课，放学时她带的水喝完了，她问同学借了一元钱买了冰棍吃。回来我跟她交流了这个问题：

"乖乖你觉得渴了热了去吃冰棍是对的，没有钱问同学借也行，这主要是妈妈失误没有给你带上零花钱。但是有一个问题你一定要注意：不到迫不得已不要轻易问别人借钱，更不能形成习惯。我有个同事就是爱问人借钱，大家都疏远了他。一旦借了钱，一定及时还，千万不要忘了。而且要给同学点小礼物表示感谢，下一次她有什么需要时你要积极主动地去帮助，有来有往才能成为长久的朋友。"

第二天她还了同学钱并且给她带去了巧克力，我也养成隔三差五问问她书包里是否还有钱的习惯，可是她很少花钱。

乖乖从小就捡表姐的衣服，我姐姐家的孩子比乖乖大五岁，姐姐给她买了非常多的漂亮衣服，她的观念是女孩子一定要从小就打扮漂亮。乖乖小时候比较胖，很撑衣服，捡姐姐的衣服穿上一点不嫌大。那些衣服几乎都是崭新的，有些甚至连商标都没剪。国内没有国外那种慈善店，孩子衣服穿过一两次就小了扔了实在可惜。同事女儿的衣服小了也会给乖乖穿，乖乖的衣服小了也送了许多同事的女儿穿。我们在高校工作都能想得开，没有让女儿必须穿新衣的固执。皇子还讲究穿百家衣有福气呢，何况咱们普通老百姓，节省下这笔开支既有利于社会环保又有利于家庭消费。都是知根知底的人家，小孩子穿过的衣服比新衣服柔软干净，没有甲醛危害，何乐而不为啊。乖乖一直对衣服不挑剔，上高中后天天穿着肥大的校服也毫无怨言，反倒是我这做妈妈的忧虑女孩子不能太邋遢，一直在教给她要学会把自己打扮漂亮一些。

乖乖对文具也没有什么讲究，从来不跟同学攀比。十岁时我们三个家庭一起带着女儿去港澳玩，在迪士尼乐园，别的女孩子都在跟父母讨价还价买什么，只有乖乖拿起一个看看太贵放下，另一个看看又放下，最后决定没有什么特别喜欢又实用的，啥也不买了。我和丈夫就劝她，来了就买点纪念品，爸爸妈妈很想让她开心，她才反复斟酌着挑了个铅笔盒和水杯，认为这两个还比较实用。

初中、高中的学校都不允许孩子带手机，但是几乎她所有的同学都有手机，乖乖从来没跟我们提过要手机，尽管放假时她也喜欢玩上面的游戏。

做妈妈的一定要从小就注意培养孩子的自制力，这对他的一生都会有益，对自己将来的教育也有积极的影响。

每家的环境不一样，每个孩子的性格也不一样，没有什么一定之规。

家境好，不妨让孩子多见识繁华世界，从小让孩子用名牌奢侈品也无妨，这是你那个阶层所需要的，眼界的开阔会让孩子增加抵抗力。但是一定注意让孩子知道这些是父母通过怎样的努力为她创造的条件，如果他自己不努力将来就不一定会一辈子有现成的优越条件可以享受，这个世界永远有人比我们富，永远有东西是我们可望而不可即的，要学会安于现状。

穷人的家庭让孩子捡东西用，学会省吃俭用时一定不要忽视对孩子爱的滋润，告诉孩子爸爸妈妈是爱你的，尽我们最大的努力让你生活得最好。我们的生活条件比别人差有客观和主观的原因，希望这些能成为你发奋努力的动力，尽管你现在吃穿用度比不上别人，但父母对你的爱一点不少于别人。让他多看书，一本好书能让孩子发现外面的世界多精彩。

不管家境如何，从小要给孩子灌输不跟别人攀比外在物质的观念，要比就比谁更聪明、谁更让父母欣慰骄傲、谁的性格更像天使、谁带给周围人更多的关爱与微笑。

可爱的孩子无关贫富，善良与开朗的性格比财富重要得多，而自制力就是奠定好性格的基础，妈妈们一定要从小就好好培养孩子的习惯。

孩子的风度由妈妈决定

不止孩子的相貌，现代科学证明孩子的智力也多半是由母亲决定的。现在我说孩子的风度也是由妈妈决定的，看一个孩子的言谈举止就能推断她的母亲是什么样的人。

有个朋友家里也是一个女孩子，很聪明，也上进，长得也眉清目秀。但是她总是做出一些使自己看上去很失色的表情或举止，孩子无意识，非常遗憾的是，她的父母也无意识。因为是别人的孩子我不能指手画脚地去干涉什么，只有心底替这个女孩子遗憾。

其实每个女孩子都可以长成具有自己独特风格的美女，但是现实生活中平庸的父母们错失了太多良机。

我们看电影明星们就知道了，很多演员刚出道时不过尔尔，像张曼玉、郑裕玲，男演员中的成龙、周星驰，后者甚至可以称作"丑星"，然而他们在自己的演艺生涯中越来越美，绽放出了前所未有的光辉。

美容手术和保养只是很少的原因，我认为最主要的原因是他们的职业决定了他们在乎自己的一言一行，他们的喜怒哀乐每一个表情都要经过精心设计并在镜子前面反复地训练，像礼仪小姐们训练自己的微笑，渐渐地，他们变得越来越美。其实明星跟普通人一样也有状态好坏之分，也有丑陋的一刹那，这个在网络上流行的大量照片都可作证。

我们普通人也是这样，如果注意自己的言行举止乃至表情，我们也会越变越美丽。当然不用像明星那么"变态"地每天对着镜子练习，重要的是孩子小的时候就开始纠正她的一些糟糕的表情和举止。每个女孩子都爱美，这是毋庸置疑的。

乖乖八九岁的时候喜欢做很丑的鬼脸吓唬别人，我制止了几次没有效果，有一次我就说你任意做各种表情，我给你拍下来。她很感兴趣地配合我，我们玩得不亦乐乎。高兴过后，我拉她坐在沙发上一起欣赏这些照片，让她自己看看每一种表情的不同效果，她咂舌："啊？这么难看啊！"从此我再纠正她，她就会注意了。

上初二时，乖乖开始骑自行车上下学，我感觉大概也跟身上肥大的校服有关，她整个人就不由自主地松懈。骑车时像个大老爷们一样晃来晃去，自己还觉得很好玩。有次周末我让她那样垮着走路给她录下像来，又把韩剧里优雅地骑着女式公主车的美女对比放给她看，这次不用我说什么，她自己也知道该怎么做了。

她十一岁的时候，我们去参加一个家庭聚会，大人们在聊天，她在旁边看书，两腿大咧咧地分开，毫无形象地瘫坐在椅子里。我小声提醒了她一下，她不好意思地笑笑，赶紧坐好了。旁边一个恰巧看到了的妈妈说我："哎呀，她是个孩子，你管她这么严干什么？让她自由发展，长大了就好了。"

我想，很多妈妈大概并不明白自由发展的真正含义。让孩子自由发展，是根据他的性格尊重他的意愿、成全他的爱好，而绝不是放任自流。

生活中良好习惯的形成一定要从小抓起，一个孩子的言谈举止可以充分体现他是否有良好的教养，这种渗透在习以为常的举手投足中的教育与长大后再去参加礼仪培训或任其大而化之不修边幅是不可同日而语的。

我还听过一个妈妈给我说不用管女儿，长大了她自己就会爱打扮了。她女儿每天邋里邋遢地不加修饰，这个母亲的愿望纯粹是奢想。一个女孩子小时候不在乎自己的形象，长大后再强迫她也不会有深入骨髓浑然天成的优雅。

乖乖有个好朋友有鼻炎，经常吭哧吭哧，我只跟她说了一次这样有损女孩子的形象，她就能忍住了，有次吃饭后她对我说："阿姨我今天一次也没吭哧。"我很高兴，聪明如她能领悟到我的一番好意，也有极好的自制力能够改正，如果她的妈妈悉心指导，她会绽放自己的光彩。

我有个小朋友，长得非常清秀，皮肤白皙，唇红齿白，但是她不知道自己的漂亮，她走路做事都是大大咧咧，从不化妆，也没有任何保养，经常皱着眉张着嘴毫无风度地面对众人。她大概就在最茂盛的年华漂亮了两年就如残花一样衰败了，再次见她已见庸俗衰老的面孔着实令人惋惜，可惜了她的天生丽质。

经常看到有人当街吐痰，有人当众抠脚或挖鼻孔，我实在无法理解他们怎么会这样做，他们小的时候大人没有教过这样很失礼吗？如果从孩子无意识地第一次当众做这样的举动时就严加制止，他们长大后就会认为这像当众大小便一样无法忍受。

在各种饭局上也经常看到有人狼吞虎咽，拿着筷子乱指画，别人还未入座就低头狂吃。这在我们小时候都是要受到严厉责骂的。我给学生讲饮食礼仪时也一再给他们强调一些细节，如果小时候家长没有教，那就不要让自己更不幸，多看些礼仪方面的书，然而总也不如孩提时的教育让人刻骨铭心从而自然而然。

给乖乖去开家长会，有家长对老师提意见，说孩子一个月就在家待四天，绝大部分时间都在学校，我们家长怎么管，这就是你们老师的职责。

孩子摊上这样的家长真是悲哀，自己的孩子尚且不负责任地想推给别人教育，又能指望别人对你的孩子负责多少呢？培养孩子就像种花种草，家长付出多少就收获多少。有人说看那野花开得多绚烂，那他大概想不到如果精心培育的话这花可能倾国倾城。

也有人会说家长不要自私地把自己的意愿强加给孩子。这事有个度，你不能包办孩子的理想、事业、爱好和婚姻，但是你必须得规范他的言行举止。我们希望孩子健康、善良、礼貌，这些共性的东西用各种方式加诸孩子身上都是出于我们的爱。

平时注意吸取孩子教育这方面的经验，经常看看这种书，听听这种讲座，即使只吸取了其中的一点也是收获啊。

孩子的培养是多方面的，要让孩子做到内外兼修，让璞石在我们手中渐渐变成美玉。愿天下的父母不管是否望子成龙望女成凤，都起码能做到不让自己在孩子大了后后悔当年没做到什么，既然生育了孩子，就无愧于这个终生的职业。

平安成长比成功更重要

做妈妈的一定要把给孩子提供必需的自我保护的常识普及，当作是女孩子的必修课，在生活中慢慢渗透告知，让孩子有充分的自我保护的意识。

首先，告诉女儿爱惜自己的名誉。

天上不会掉馅饼，万万不可心存贪小便宜的愚蠢念头，更不能受社会上不良风气的影响，认为吃青春饭以肉体换物质舒适是等价交换。《乱世佳人》里有段著名的比喻：当船进水的时候，你抛下了你认为无用的东西：道德、名誉、善良、友谊……你以为等你安全了，可以把它们再捞起来。可是当你想起它们的时候，它们已经找不到了。

女孩子因为贪图美容院所谓的免费试用、赠送等诱惑，试了以后不买产品被殴打；无业男子冒充有钱人，利用网络以许诺送奢侈品为诱饵，骗得多名女网友与之开房，事后还窃走财物并有视频在手，向女网友敲诈勒索。这些手段都很平常，但却有许多年轻女孩上当受骗，说到底，都是贪小便宜的心理在作祟。

第二，女孩子要珍视自己的身体。

近几年国内频频出现的男教师性侵幼女事件让众多女孩子的家长忧心忡忡。一定要在孩子很小时就教育她绝不允许任何异性碰触身体敏感部位，尽量不要与男子在某个僻静的地方独处，有小秘密一定告诉妈妈。如果某个男老师或长辈说了让你迷惑不解的话要跟妈妈一起分析。

妈妈切记不要一听风就是雨，当女儿告知某些事情时，有的妈妈不问青红皂白先训自己的女儿："他怎么不找别人？苍蝇不叮无缝的蛋，你自己得注意收敛！你若把心思全用在学习上，像人家某某某，也不会有人来骚扰你！"这样的妈妈，女儿会拿你当朋友吗？

女儿遇到性骚扰回家告诉妈妈时，妈妈首先要抱紧女儿并坚定地告诉她，不管发生什么事，妈妈会保护你；待女儿平静下来，问清详细情况后，让女儿自己分析一下这件事的原因、后果和她的经验教训。先不忙于说教，也许她比你想得还周到；表扬女儿的分析，肯定她是个善于总结经验的孩子，学会了保护自己，启发地与她一起总结经验，告知以后的注意事项；如果事情比较严重，家长就要出面处理。

妈妈要给女儿这种感觉：我跟你是一条心的，我是你妈妈，不会只火上浇油地熊你一顿算完，我会保护你，不管出现什么情况，你告诉妈妈是最安全的。

千万不能图一时发泄脾气，逞口舌之快，把自己的女儿逼得离自己越来越远。

第三，不能一味单纯善良，防人之心不可无。

一位姑娘在下班回家的路上看到迷路哭泣的小孩，就按照他拿的纸条上的地址把他送回家，一按门铃就失去知觉了，大概是有高压电。隔天醒来就发现自己光身在一间空屋里，甚至还有更过分被盗取器官的。告诫女儿遇到此类情况，要打110或把小孩带到附近的派出所。2013年8月轰动全国的佳木斯桦南县17岁卫校女生胡伊萱被假装肚子疼的孕妇骗上楼后被杀害一案成为当年舆论的焦点，这个女孩子就是由于过于单纯善良而被恶人得手。

也要防止网络诈骗，利用QQ诈骗的事我就遇到过几次。

有天一早起来看到学生留言，让我帮她看看参加一个培训怎么样？说是正在上课没法打电话，报名最后一天了，给了个电话让我打，我还纳闷呢，她不是知道我在英国吗？怎么会让我帮她打电话，后来想大概发错了吧，就告诉她我是老师，她发过来个网址让老师帮忙参谋一下，幸好我下楼吃饭了，回来才看到。回来后真正的学生上线了，告诉我她的号被盗了，最近盗号的很多，她家人也差点上当受骗。骗子大概把我当作她家长了，说培训交46000元，必须家长报名云云。上次也是一个学生被盗号，发来个网址让我打开，幸好我用的是手机，打不开。

以前也中过毒，都是熟人被盗号后发的，什么在哪个网址看见你照片，我找了个女友你帮忙去这个网址看看，等等。

一定告诫孩子和学生，小心这些陷阱，网络骗局无处不在，他若利用我们的贪心，我们自认倒霉，他利用我们的善良，未免就太可耻了。但是坏人就是存在，只有靠我们加强孩子的自我防范意识了。

第四，树立正确的恋爱观，不要被爱情迷失了头脑。

年轻的女孩子一沉迷于爱情，智商就会迅速降低。很多骗子就是利用这一点进行诈骗。有新闻网站报道已婚男冒充"高富帅"，在一些婚恋网站上结识女孩，随后骗财骗色，先后共有6名女孩被骗近3万元。

热恋中的女孩子一昏头，别说是借钱了，恨不能连命都借出去来展示自己的一片真心，殊不知有时候却将万般落花意空付了东流水。

在她已经情到深处时再教育，她就会非常抵触，认为大人不懂她们崇高至上的爱情。所以要在女孩子懂事后就潜移默化地教育她，爱情是相濡以沫地共同前行，绝不是牺牲某一个人去成全另一个人。不要把别人的真情当做垫脚石，也绝不傻傻地去做别人的垫脚石。自古以来，痴情女牺牲自己全部成全负心郎终遭遗弃的故事数不胜数，"陈世美"无处不在。一个真正爱你的男人是不会让你为他做出过多牺牲的，即使你有心如此他也不会接受。一个男人在接受你的牺牲时已经注定不重视你了，不管他当时是恬不知耻地表现得理所当然还是痛心疾首地许下誓言以图后报。当他有能力报答你时，你们已经不平等了，他平步青云后你就是脚下的烂泥，而这一切都是女孩子咎由自取。所以妈妈一定教育女儿珍惜自己，千万不要我们辛辛苦苦地培养成明珠了，让一个瘪三男人几句花言巧语就自视为草芥。

第五，平时要学一些应急技巧，临事不至于慌乱不知所措，错过自救的良机。

网上有个女子写出的经历可以让女孩子吸取一下经验：这个女子购物完后走出购物中心，在上车前发现她的车胎泄气了，于是她从后备箱中拿出千斤顶准备换车胎。一个穿着西装手拿公文包的男士走到她旁边对她说："我看到你在换车胎，需要我帮忙吗？"

女子欣然地接受了男士的帮助。当女子谢谢男士的帮助要进入车内时，男士告诉女子他的车子就在购物中心的附近，希望女子能让他搭个便车送他去自己停车的地方。

女子有点意外并问男士怎么会将车停在另一边。男士解释说来购物中心和一个不常见面的老朋友吃饭，离开时却走错出口。但他现在快迟到，而他的车子就在附近而已。

女子不想拒绝男士，因为男士才帮自己更换车胎，而换车胎对女子并不容易。女子忽然想起男士在盖上后车盖前将自己的公文包放入后备箱中，而那是在男士开口请女子让他搭便车之前。女子于是对男士说，自己很乐意带男士去他停车的地方，但自己忘了买一样东西。女子接着说只需要几分钟，男子可以坐在车内等，她很快就会回来。女子进入购物中心后找了安保人员，并将刚刚的事告诉他，安保人员与女子一起回到车旁时，男士已经离开了。女子及安保人员一起将后备箱中男士的公文包带到警察局。警察将公文包打开，发现里面装的竟然是绳子、胶带及刀子。当警察检查女子泄气的旧轮胎时，发现根本没有问题，只是被放气而已。男士有什么意图很明显，而且事前已经小心计划过。女子幸运地逃过一劫。如果女子当时坐在车里等男士替她换车胎，或者女子有小孩坐在系安全带的儿童安全座椅上，或者当时女子拒绝男士的要求，将会发生多可怕的伤害。

妈妈在家里可以跟女儿假设一些场景，告诉她正确的自救方法，让女儿做到镇定对待危险状况。

第六，生活细节中注意防患于未然。

平时注意叮嘱女儿一些生活安全常识。

尽量不独自走夜路，迫不得已要自己一个人晚上乘坐出租车时，上车前记下车牌号，上车打电话或发短信给家人或朋友。

出门旅游时注意不要把行李牌上有姓名的那一面露出来；一起同行的朋友，不要在饭店大厅等公共场合，大声地连名带姓问对方房间号。

不要向外人炫耀家里的财富和权势，不要公开父母的详细工作单位和手机号码。

手机里留下紧急联系人的电话，但是不要写"爸爸""妈妈"等字样，写全名，即使手机丢了也不给骗子可乘之机。

看到各种骗局的报道推荐给女儿看，让她养成防范的敏感，平安成长真的比成功更重要。

敢问路在何方

我们都很熟悉的《西游记》里的歌，《敢问路在何方》。你的宝贝敢自己去找陌生人问路吗？

从小锻炼他去问路吧，让他学会如何与陌生人相处，如何在困境中寻求帮助，如何判断别人的指引，如何感谢别人的帮助，并进一步影响他的性格，让他学会热情主动地去帮助别人。

有意识地引导乖乖这么做是从她一岁多能顺利说话交流了开始的，不仅仅是问路，如果她想玩小朋友的玩具，教她拿着自己的玩具去提请求交换，起初可以教给她具体怎么说，后来就尝试让她自己去碰壁，遇到拒绝时反思自己的表达方式有什么不妥，应该如何更好地去与别人交流。从小让她知道不用害怕与人打交道，因为我们生活中处处离不开与人交往。

乖乖很容易跟初次见面的人打成一片。她大概两三岁时，有次我带她在花园里玩，一转头不见人了，再找发现她在不远处跟一个陌生的老太太相谈甚欢，我挥手让她回来，问她说的什么，注意别瞎说，该说的说不该说的要学会忍住，她说只是聊家常。

我这么提醒她也是有典故的，在此之前的几天一个小朋友的妈妈给我说："你家乖乖真有意思，在那儿兴奋地给人说爸爸妈妈要离婚了，引得一帮没事儿干的老太太围着她打听细节。"我又好气又好笑地问乖乖："谁给你说爸爸妈妈要离婚了呀？"她说："上次你嫌爸爸磨蹭说离婚的。""哎呀那是吵架生气时说的气话能当真吗？你说的时候大家是不是都很兴奋你也很高兴啊？"她点点头。我启发她："这是不是跟小丑挺像的呀？我教你两个词，茶余饭后和娱乐大众，详细给你讲讲哈。"跟她交流完与人交谈的原则后她知道把握分寸了。我自己也警醒注意以后在孩子面前的言行，我是做妈妈的人了，不能任性地信口胡说。

不久又闹了个笑话，我们几个家长带孩子去岱庙玩，她们几个小女孩叽叽喳喳地说普通话引起坐着乘凉的老太太的注意，笑着问她们："你们是哪里人啊？"那些孩子还面面相觑时乖乖率先一本正经地大声回答："我们是中国人！"在场的人都笑了。

从乖乖四岁起，我们开始领她利用假期时间到全国乃至世界各地去旅游。我们都是工薪阶层，但是乖乖的衣服、零食省了一笔主要消费，除了基本的肉蛋奶和水果，她个人几乎没有消费。上学后我们也没有参加过任何补习班，省下的钱我们就带她四处旅游。

我深信行万里路与读万卷书是一样重要的。在外地不知道路的时候都是她去问路，我们站在后面听着看着，看她逐渐熟练地客气询问、礼貌感谢，我非常欣慰自己坚持了这一点。他们父女俩到英国去探亲时，问路的事儿也全是她的，我们一直在鼓励、表扬她，她也非常自信。除非特别绕的路而别人说得又快需要我上去再询问外，绝大多数她自己就能搞定。

问路只是一个外在形式，我们做妈妈的需要做的是帮孩子确定他想走什么路，如何走，自己学会去问路，学会跟别人打交道。培养孩子的性格就先从问路开始吧。

大家看前几年比较火爆的《爸爸去哪儿》，感悟最深的应该就是那几个起初离开爸爸怀抱就放声大哭的宝宝，后来自己去完成了那么多以前家长都难以想象的任务，家长学会放手，试着让他们自己去跑去飞，这才是积极正确的态度。

所谓"放养"

经常听到妈妈们交流时有人不无骄傲地说："我们家的孩子是放养！任他自由发展。现在不用约束太多，长大了自然就都懂了。"

中国父母对孩子的教育往往采取两个极端，从前几年第一批独生子女父母事无巨细地照顾，从身体健康到学习成绩到业余兴趣爱好全替孩子做主，到近年来西方父母教育孩子的观点影响着一大批家长，又出现了另一种极端：所谓的"放养"。

每个人都有自己的人生，我们做父母的固然不能把自己的人生观、世界观强加到孩子头上，但是也要注意到一点：孩子就是孩子，他也许通过各种媒体知道一些大人不知道的信息，但是他对这个世界的认知、对生活的经验还没有成熟到自己可以全部驾驭并做主的地步，这需要做父母的根据自己孩子的性格、根据客观条件对他的言行循循善诱地加以引导。

任孩子自由发展，细究起来是一句很不负责任的话。

我们现在回顾自己年轻的时候还常常遗憾：如果那时有人指导我一下，我就不会如何如何了。孩子们何尝不是如此呢，他们还那么幼小，对生活那么茫然，哪个年龄段都不可能重来了，我们怎能忍心让他用自己的任性去体验生活，况且在性格形成的过程中，父母不加以引导的话，这个生活经验的代价未免太大了。

我同事的儿子上大学后，第一学期回家就埋怨妈妈："别的同学都会乐器，有的人吹拉弹唱什么都行，就我啥也不会！"妈妈纳罕："那时让你学琴你死活不学，现在来怪我！""我那时小，不懂事，你不会逼着我学吗？同学也都是逼出来的！"

这话说得够不讲理的，也就是对自己老妈说说吧。而且这也只是自尊心受到点小伤害，不是真正的因为喜欢艺术而引起的大遗憾，所以没有什么过于糟糕的影响。但是从另一个角度看看的话，我们做妈妈的也该考虑一下，任孩子自由发展是否有道理？

我们都经历过了"有儿方知父母恩"，也经历过年近三四十了突然明白父母当年是对的，人生智慧是建立在生活实践的基础上的。这也是西方父母提倡让孩子去自己尝试的理由，让他们学会自己去总结人生经验。

西方的父母绝对不是有些人夸大的那样：任孩子自由发展，什么都不管。他们管孩子的重点跟我们不一样。

我在英国的房东家里有三个女儿，老大跟乖乖一样大，十三岁，老二十岁，老三八岁。她们日常的洗理都是自己做，八岁的老三经常是自己洗完澡跑到衣橱前找出换洗的衣服换上，冬天她不知道提前找出衣服来换上，就光着身子冻得嘚嘚瑟瑟地找衣服。要是中国妈妈看了会大惊失色地把孩子赶到床上，帮她找好衣服，再数落一顿，或者是直接在孩子洗澡前就帮她把出来需要换洗的衣服准备好了。而她们的妈妈视而不见，来回从光屁股的女儿身边走也不管她。她认为冻上几次孩子就知道下次先找好衣服再去洗澡了。

深秋的周末全家去森林游玩时，我穿着冬天的外套，她们三个光腿，穿着短裤、吊带背心，我担心她们会冷，她们的妈妈说："如果冷，下次她们就会多穿的！"她们的爸爸则骄傲地说："我的女儿们很健壮！"

老二有几天又打喷嚏又咳嗽，还无精打采地说自己不舒服，如果换了我，又要大惊小怪地准备赶紧先吃药给她压下去了。而她们的妈妈说："这些症状在这个季节是常有的，她没有病，只是情绪比较低落，需要抱抱罢了！"她的爸爸妈妈就这样轮流多抱了她一会儿，又让病恹恹的孩子去上学了。没有吃药打针，过几天她的症状也就这样不治自愈了。

有一天我们一起去镇上逛集市，她们的妈妈去银行了，我们在集市闲逛等她。老三看中了一个小中国结，五英镑，她一个劲儿地给我说："你先借给我五镑钱，我有自己的零花钱，回家就还你，求你了！"我犹豫着拒绝了，说等她妈妈来了再说。

借五镑钱给她没问题，她不还也没问题，但是作为中国妈妈要考虑的是：设身处地地想一下，第一，我不会让孩子随便问别人借钱；第二，我不会让孩子花五十块钱买这么一个粗制滥造的小玩意儿，大概在中国能卖一块钱；第三，我会腹诽那个借钱给孩子的妈妈，孩子不懂事你也不懂事，不能帮她把握一下什么该买什么不该买吗？

但是她妈妈回来后一听女儿的要求，连看都没去看那是什么东西就把钱借给她了。她欢快地去买了，我还想表达这个东西不值，老大说："开心就行，让她买吧。"

回来我跟她们的妈妈交流这个问题，她说："那是她自己的钱，她愿意买这个无用的东西，等她想买特别喜欢的东西时她没有钱了，下次她就会斟酌一下什么该买什么不该买了。"

我觉得这种方式无所谓对错，针对不同性格的孩子可以采取不同的方法。像老三是比较任性的，如果像我教育乖乖那样只是提醒一下道理她是接受不了的，只有这种感同身受才能让她真正理解并吸取经验。

当然从另一个角度来说，什么是值什么是不值啊，所有的工艺品都不是生活必需品，买来都是为了增加愉悦的，如果当时买了高兴，那就是值。这也是中西方父母观点的一个不同之处，我们更注重从物质的方面分析这个物品值不值，他们更注重从精神的方面来分析。如果他们的孩子用价格昂贵的电动玩具换了别的小朋友纸折的小飞机，他们不会像中国父母那样斥责自己的孩子傻，他们会认为都是玩具，只要孩子喜欢就是适合的。这也无所谓高雅和低俗之分，不同的国情，不同的经济状况，物质富裕后更多地追求精神愉悦，也没有什么高尚之说，因为都是为了自己的愉悦，并没有对别人和社会造成损失或提供奉献。

西方父母更珍视家庭生活，一般周末或节假日他们没有特殊情况肯定是全家一起出游或欢聚。每天他们都会抽时间陪孩子阅读、聊天，给他们足够的拥抱。

中国的父母会有更多的应酬，有些父母即使跟孩子在一起，不是监视他写作业就是唠叨牢骚，以至于许多母子之间关系非常紧张。

而那些持"放养"态度的妈妈，一贯随孩子的性子来，等孩子到了青春期后，在他喜怒无常的言行前措手不及，有些甚至将孩子培养成了暴躁易怒的性格，给他的一生造成不良的影响。而这些，如果在年幼时自然而然地约束并形成规矩，是完全可以避免的。

"放养"并不适合人类社会，一心想给孩子轻松快乐的妈妈们也许顶多能让自己的宝贝享受两三年的随心所欲的时光，若一直"放养"，一旦开始与人交往，孩子就会展现出情商不足的弊端，甚至影响他的交友、事业及婚姻。

快乐的家务活

切记不要像我们父母那一代人，因为工作重且孩子多，他们对孩子都没有太多耐心，让孩子去做家务时用的都是唠叨训斥的语气，造成了孩子对家务的逆反心理。

我们不如换成表扬的方式，肯定孩子偶然心血来潮帮你做家务的举动，表扬他知道体贴妈妈，做得还像模像样，这样孩子对做家务就不会排斥。在适当的场合还可以跟亲友聊一下他对家庭的帮助，孩子会很有成就感，更愿意帮妈妈分担家务。当然孩子很小，我们一定要让他做力所能及的活，否则他容易产生厌倦心理。

乖乖两岁多的时候就开始学着自己洗袜子，起初只是游戏，禁不住我每天夸她，她对这项家务乐此不疲。当时我们邻居带同龄的宝宝到我们家串门，临走前说："咱们参观一下乖乖如何洗袜子吧！"因为之前我做了铺垫，当着众人的面表扬了乖乖很喜欢做家务。乖乖像模像样地开始打肥皂搓袜子，阿姨问她："你为什么两只一起搓啊？"也没人教她，她认真地回答："这样省肥皂。"大家都哈哈笑了，我虽然啼笑皆非，但是没有笑话或打击她，反而说："乖乖能替妈妈考虑这么多事，但是日常的有些消费是必须的。"一直到现在，乖乖都很勤快，没有像有些独生子女似的懒惰。

有些父母一直心疼孩子，不让他们接触家务活，认为结婚后自然而然就会了。且不论婚后两个十指不沾阳春水的孩子会就家务活产生多少矛盾，无端给婚姻生活造就多少坎坷，单说孩子考上大学离开父母身边去过集体生活，就会面临许多意想不到的麻烦。

大学宿舍里因为某些孩子懒惰邋遢而引起别人反感导致同学不合的例子举不胜举。在国外见得就更多了，一般本科到国外留学的孩子都是家庭条件比较优越的，很多人从小娇惯，对"衣来伸手，饭来张口"习以为常，在公寓里住，把吃过的碗盘放在桌上、堆在池里；跟同学合租别墅，把人家美丽的洋房搞得乌烟瘴气、肮脏油腻，以至于有些房屋中介列出的条件都是不租给中国学生。我甚至听说过这样一件事：有个中国女博士，专业能力很强，然而生活不修边幅，因为邋遢跟室友闹得很不愉快，室友的朋友们去她们宿舍眼见她如此怠懒都笑话她，以至于名声在外。她也不在乎，觉得别人对她生活的指点都是嫉妒她成绩好。毕业时去一家她心仪已久的公司面试，面试官恰好是她室友朋友的姐姐，结果可想而知。

有一个男孩子到英国来读高中，寄宿在当地人家里，那家人要求非常苛刻，那个男孩子几度受不了想换人家，他妈妈也心疼不已决定让他换。第一个假期回国后，他的变化让家里人目瞪口呆，以前懒散、邋遢的孩子不过几个月时间变得勤快利落、干净整洁。这又让他妈妈真的要好好考虑一下是否还是让他继续寄宿在这个严格的家庭里了。

所以家长真疼孩子，即使不让他多做家务，也要让他养成干净整洁的习惯，让他学会尊重别人的劳动成果，不要毫无理智地盲目溺爱孩子，人为地给他的成长道路设绊脚石。同时，作为妈妈的你也可以轻松许多啊。

在孩子小的时候，当他第一次有意愿去做家务时，妈妈一定要保护好他的意愿。即使他做得一团糟，也要表扬他这么体贴妈妈，这么会照顾自己，表达出你的肯定和欣慰，让做家务这个行为始终跟积极向上、快乐满足的情绪结合在一起，这样他会对做家务产生愉悦，而不是被迫地当作负担去承受。

在我们能够跟他们朝夕相处的有限时光里，母子俩一起包饺子、做蛋糕、洗洗涮涮，这是多么美好的生活细节啊，让孩子跟你一起享受吧，前提是你要定好快乐的基调，要学会去享受，而不是唠唠叨叨破坏氛围，让大家都不愉快。

古今中外没有哪个人能避免面对做家务，即使是总统、首相也不能免俗。即使是千万富翁，日常生活十指不沾阳春水，也有遇到特殊境遇需要自我照顾的时候，更何况我们只是平民百姓。让孩子将日常的一饮一啄当作平淡的幸福快乐来对待，让他发现柴米油盐酱醋茶的生活真谛，对他的一生来说是有益无害的。

如何对待隔代的溺爱

同事气呼呼地给我诉说她婆婆如何溺爱孩子以至于婆媳三天一小吵五天一大闹，又不可能不让老人照看，又担心把孩子宠坏了。

都说隔代亲，国内几十年"6+1"的家庭模式让爷爷奶奶、外公外婆们不宠爱这些独苗苗的心肝宝贝都不行，大概每个家庭都会遇到因为老人溺爱孩子而导致的家庭矛盾。

说实话，乖乖的爷爷奶奶对她也是非常溺爱的，他们是不能见孩子哭，孩子一哭什么原则都没有了，一切都顺从孩子。虽然都是做教师的，乖乖的外公外婆就理智得多，对孩子一向是教重于养。我对乖乖的教养方式是继承了父母这边的，但是也吸取了女孩子格外需要温柔关爱的经验，对她有更多感性的爱护。

乖乖是个善良可亲的孩子，从来没有惹两边老人生过气。我在英国期间，她经常代我去外公外婆家聊聊天、安慰一下他们。

乖乖从小是奶奶一手拉扯大的，奶奶为了照顾她，到现在七十多岁了还跟我们住在一起，每每想来我都感激不尽。但是两代人不同的教育观点还是有不少矛盾的，我们只有慢慢地相互摩擦再融合，反正都有个大前提，是为了孩子好。

乖乖奶奶跟我的教育分歧从她很小时就体现了出来。

先是关于是否用纸尿裤。她老人家坚持用传统的棉布褯子，说那样对孩子皮肤好。这件事较量了没几个回合我就败下阵来，因为我毕竟不如她的经验丰富。但是现在看来，还是让孩子用纸尿裤好，首先不用清洗，不用担心反复污染；其次孩子舒服，一晚上不用因为尿湿了不舒服而哭闹，大人孩子都能睡好觉。

乖乖稍微大点后我一门心思地想把她打扮漂亮一些，我是感觉女孩子在懂事后就该打扮漂亮一些，将来的自信绝不是一蹴而就的，是要从小培养的。但她老人家却一直说："会打扮打扮十七八，不会打扮打扮屎娃娃！"那些漂亮的裙子、紧身裤、小皮鞋，奶奶一律不给她穿，只穿兜兜褯和小布鞋，说是舒服第一。

乖乖小时候在奶奶家住过几个月，一些惯出来的坏习惯我一一给她扼杀在萌芽状态。我告诉乖乖："爷爷奶奶是真心疼爱你，所以才那么百依百顺地宠爱你。如果是不懂事的孩子肯定就此养成飞扬跋扈的坏脾气了，妈妈知道你读过很多书，是个讲道理的好孩子，你不能因为爷爷奶奶爱你，就对他们有任何不恭敬。他们是老人，为我们已经付出了很多，你有义务和责任让他们开心快乐，妈妈相信你能做好。"乖乖并没有辜负我的信任，她从来没有依仗着爷爷奶奶的宠爱对他们有任何言语或行为的不恭敬，在家主动做家务，吃东西之前都先让一圈儿，遇到爷爷奶奶爱吃的东西宁愿自己不吃也要留给他们。

上学后奶奶一直对她说："好好学习！那些学习不好的孩子才讲究打扮呢。"

我不当面反驳，但是私下里我会给她更正："学习很重要，漂亮同样也很重要。女孩子一定要学会装饰自己，万万不能邋里邋遢，你完全可以漂漂亮亮地好好学习。"

爷爷奶奶性格都比较内向，认为外面的世界太危险，闭门在家过好自己的日子就好了，不要去扎堆凑热闹，不要去不熟悉的地方。我却认为这个世界这么大，怎么能让孩子偏安一隅，守在家里一辈子呢。我坚持每个周末、假期都带孩子出去玩，对此外公外婆是赞成让孩子"行万里路"的，但是爷爷奶奶都颇不赞成，但是他们只是委婉表示，并没有跟我有任何正面冲突。因为这不是穿衣、吃饭的一点小事，关系到孩子性格的形成、将来的发展方向，我还是坚持了下来。

曾经也有过烦恼，感觉这是我的孩子，凭什么不能按照我的意愿去培养。但是现实生活就是这样，我们都有个大家庭，在需要扶助时大家都搭把手，在面对最亲爱的人时，每个人都有自己不同的表达方式。

后来我平静下来，确定一个大前提：爷爷奶奶是爱乖乖的，不管他们的方式是否不被我认可。对乖乖来说，这个世界上有这么两个人，不管她做什么都不会斥责她，永远心心念念地想着她包容她，这何尝不是一种幸福。对哪个女孩子来说这不是一种甜蜜？我有什么资格凭着妈妈的名义去剥夺她生命中应该享受的宠爱？

老人的态度我们是很难改变的，沟通也是有限度的，固执己见更是只会火上浇油，让矛盾激化。我们能把握的只是让自己正确对待的同时去端正孩子的态度，让他不会恃宠生娇，而是去珍惜这份无欲无求的情感。有这样两个老人在爱着你心爱的宝贝，我们有什么不知足的呢，教孩子学会去把握好度，就是幸福了。

谁是谁的照妖镜？二宝三宝新问题

几十年来中国家庭都是独生子女，孩子们已经习惯自己享受长辈所有的关注与爱，所以二胎、三胎政策一放开，家庭中父母与子女及子女之间就出现了一些新的矛盾和问题。

有不少年轻的妈妈对我说：二宝就是大宝的照妖镜，二宝就像人精，特别会看爸妈及大宝的脸色，大宝正值青春期，各种闹别扭，每次一看到大宝就生气，再看二宝乖巧懂事就特别开心；大宝不喜欢二宝，有东西宁愿跟朋友分享也不给弟弟妹妹，别说带二宝玩了，不背着我们欺负二宝我们就谢天谢地了。也有些家庭中的兄弟姐妹相处得特别和谐，如何让孩子做到这一点呢，这就需要妈妈智慧地去处理。

最重要的是建设好良好的家庭氛围。

假如爸爸妈妈在孩子幼年时期，没有通过建立良好的家庭氛围使孩子们处理好相互之间的关系，长大后孩子之间的关系会变得更加疏离，矛盾会更难以逾越和化解，有些或许会形同陌路，甚至成为仇人。父母要身体力行，不能一边说兄弟姐妹要和睦相处，一边跟自己的兄弟姐妹闹经济纠纷或背后诋毁他们，这会给孩子造成一种印象，兄弟姐妹都是外人。

家里看的电影、电视、书籍或者聊的话题涉及手足之情时要体现出正面向上的情绪，多聊积极健康的话题。比如在电视剧《我的兄弟姐妹》中有一句很感人的话：兄弟姐妹原本是天上飘下来的雪花，谁也不认识谁，但落到地上以后，就化成水，结成冰，谁也离不开谁了。苏轼、苏辙兄弟感情深厚，在遇到挫折时兄弟俩互相帮助，不离不弃。苏轼在狱中写给苏辙的诗中曾提到："与君世世为兄弟，更结人间未了因。"这都是可以与孩子讨论，从而可以潜移默化影响他们的事例。家长还可以给孩子看一些描写美好亲情的绘本，让他们对亲情产生美好的向往。

准备要二宝时，提前给大宝做好心理建设。带他跟有多个孩子且相处和睦的家庭一起玩耍，多描述有兄弟姐妹陪伴并相互帮助的快乐，明确强调妈妈对他的爱不会减少，把大宝当作跟父母一个层次的成人，告诉他如何帮父母管教弟弟妹妹，表现出希望后面的宝宝能像大宝一样给父母帮助，而不是把他与弟弟妹妹做比较，让他在二宝来之前就产生抵触心理。

二宝出生后不要忽视大宝，在抱二宝时可以让大宝依偎在身边，让他参与到二宝的护理中，偶尔妈妈也可以示弱，请教大宝弟弟妹妹哭该怎么办，是不是饿了之类的问题，对大宝的建议给予充分的肯定，让大宝参与到给二宝起名字、买东西、喂奶等活动中，当着别人的面表扬大宝对二宝进行了多么细致的护理，给大宝贴上爱护弟妹的标签，培养宝宝们之间的感情。若有了三宝，可以正面引导孩子们之间大对小的关爱及小对大的敬重，树立家庭榜样，而不是表扬一个打击另一个。

引导孩子们之间的正面竞争，发现每个孩子的特长，不要给别人说这个孩子好那个不好，要发现孩子身上的优点并经常说出来，让他们之间互相学习、互相影响，而不是互相拆台或者靠不正当的手段讨父母欢心。

孩子之间肯定会闹矛盾，这时候妈妈一定要秉持公平原则，绝对不能只听一个孩子的一面之词就对另一个孩子加以批评，让孩子们站在一起讲述原因，引导孩子们自己得出结论，这次有什么错误，应该怎么惩罚。如果两个孩子打架，问清楚原因后，让错误的一方分析自己错误的原因，向对方道歉，惩罚时要两个孩子一起惩罚，这是为了给孩子一个观念：兄弟姐妹要友好相处，相处不好大家都有责任。如果只惩罚一个孩子，他会想到报复，另一个孩子也会洋洋自得。要让孩子知道打架就会两败俱伤，和睦相处会给自己带来益处。

有些家长总要求大的让小的，这不是一个公平的原则，大小宝都要教育，可以让大宝为小宝做好的示范，引导小宝尊重大宝，引导大宝爱护小宝，妈妈要做几个宝宝之间的纽带，而不是挑唆是非。但看到孩子们之间有正面、积极的沟通交流时，要及时给予鼓励和肯定，以强化孩子的好行为。但孩子出现一些错误倾向时，要及时制止，引导孩子去分析思考错误在哪里，应该怎么做。

一个家庭不应该有重点关注对象，每个孩子都是妈妈的宝，在对一个孩子由于特殊情况进行过多关注时，给其他孩子说明情况，引导他们都参与进来，把妈妈跟某个孩子之间的事情变成全家的事情。

如果妈妈实在太忙，没法去关注到很多细节，可以让大的管小的，问大的情况，肯定他的能力，感谢他是妈妈的好帮手，一有空就表达对孩子的肯定，拥抱孩子，如果能做到这两点，孩子都差不到哪里去。

把抑郁情绪扼杀在幼年期

世界卫生组织2017年公布的调查数据显示，近30年来，世界范围内的抑郁症患病率暴增了10~20倍，全世界抑郁症患者超过3.22亿人，患病率高达4.4%。全球每年因抑郁自杀的人数高达数十万，已成为世界四大疾病之一。中国的抑郁症患者数量也在急速增长，并且趋于低龄化。

幼年抑郁症患者的表现各有不同，有些活泼的孩子突然变得不爱说话、不喜欢玩，还有的孩子学习成绩突然下降、注意力降低，也有的孩子脾气暴躁或者出现失眠、嗜睡、食欲改变，甚至有自残或自杀倾向，有些孩子告诉家长心情不好，家长会不在意，认为这么小，不会联想到心理疾病上，或许会因为治疗不及时而造成孩子终生遗患。

目前，医学界对抑郁症的病因还没有完全透彻的科学解释，但可以肯定抑郁症不是单纯的心理疾病，科学家通过对大脑的科学观察发现抑郁症患者脑内的神经递质确实发生了异常改变。抑郁的根源有身体原因，也有家庭、社会的原因。其可能因素包括个人意志得不到尊重、家庭关系紧张、精神压力大等，当然也有遗传的因素。

在很多国家，抑郁症的防治和识别率极低，抑郁症患者很容易被贴上脆弱、不负责任等负面标签。其实每个人都应该正确面对并预防抑郁。妈妈一定要意识到抑郁是一种病，要有的放矢地治疗。世界卫生组织对此做了大量的研究和宣传工作。

如果孩子有抑郁症状，妈妈应该怎么做呢？

首先要正视现状，不要认为我的孩子我了解，他不可能抑郁。不要自以为是地给孩子下定义，"你就是太脆弱了""吃苦太少、吃得饱穿得暖闲出来的毛病""我对你这么好你还心情不好，怎么这么自私"云云。要知道孩子肯定更痛苦，他不愿意这样，并且自己也不一定知道抑郁是一种病，你对他的否认和苛责可能会使他更内疚，病情更加重。要根据孩子抑郁的表现和程度，做好预防或者治疗计划。要知道抑郁是一种普遍的疾病，是可以治疗的。

其次确定治疗办法，一般包括谈话疗法和药物疗法，也可以两者兼用。帮孩子寻求医疗帮助，有耐心地帮助孩子完成日常任务、学习专业知识，倾听而不盲目地下结论，是最好的处理方式。对严重的有自残或自杀倾向的孩子，要多陪伴，经常交流，拿走药物或者尖锐器具等物品。另外可以保留卫生保健人员的联系方式。

日常生活中尽可能帮孩子培养良好的作息习惯，使孩子保持充足的睡眠。多了解孩子的生活，避免孩子有人际关系方面的压力如校园暴力等，减少孩子的恐惧和过度紧张。尤其是在生活环境有所改变，如转学、青春期、家庭变故发生时要有意识地陪伴、疏导。

还有一点非常重要，就是做妈妈的压力也很大，来自工作、家庭、社会的压力让很多妈妈自顾不暇，产后抑郁的妈妈也大有人在，这就需要妈妈做好自我疏导和预防，多看一些相关的专业知识，调节自己，积极主动地去应对生活的压力，找到适合自己的运动，坚持良好的生活习惯，并给孩子做好健康积极向上的榜样。

谁的一生都不会一帆风顺，人生不如意者十之八九，妈妈们科学地调整好自己的心态，帮助孩子和自己都能够健康平安地生活。

写作业的鸡飞狗跳，"双减"后妈妈该怎么做

我们都知道那个顺口溜，"不写作业母慈子孝连搂带抱，一写作业鸡飞狗跳大吵大闹"。很多妈妈对孩子写作业磨磨蹭蹭的"龟速"束手无策，大发雷霆的有之，大打出手的有之，甚至因此气病住院的家长也有，因此有人笑说"本是一家人，相煎何太急"，也有江湖传闻"陪写作业是亲子关系的第一杀手"。

家长为什么要陪孩子写作业？这本是孩子自己的事情，你却主动捆绑，制造了大量的家庭矛盾。有些家长说学校老师要求家长检查签字，孩子不陪写作业就不完成或者磨蹭，等等。好，现在"双减"政策下来了，学校布置很少的家庭作业甚至不布置作业了，妈妈们千万不要再主动去给孩子增加各种学习负担，陷入无边无际的"内卷"，然后还要埋怨大环境。

当然我说的不增加学习负担，不是让妈妈们放手不管孩子了，而是有技巧地配合国家政策，进行真正的素质教育。

我们经常听到妈妈们说："我们家孩子什么都好，就是不爱学习，一学习就吃东西、喝水、上厕所，各种懒驴上磨的原因，

根本坐不住。"为什么有些孩子爱学习，有些孩子就不爱学习？这需要妈妈们了解一个概念——学习的内驱力。看着"高大上"的这个词通俗点说就是学习的主动性，孩子愿意学习，在学习的过程中能够体会到成就感，这就是孩子持续学习的最大动力。

那么怎么样才能让孩子拥有学习的内驱力呢？

首先确定孩子的学习责任感和自主权，让他明白这是自己的事情，需要时妈妈可以予以帮助但不会干涉太多。不要让他认为我学习是为家长学的。具体如何让孩子知道学习的重要性，见下一章的内容。

其次，妈妈帮孩子给他自己一个准确的定位。每个人都有自己的特长和短板，要善于发现自己孩子的优势，做到扬长避短，而不是盲目地把自己的孩子跟别人的孩子去对比。比如我有一个朋友的孩子从小不爱学习，但他对烹饪特别感兴趣，吃到好吃的菜就想去了解怎么做出来的，从网上查询主料、配料、调料等，朋友尊重孩子的意愿，顺势利导，让孩子去技师学校学了烹饪，起初在一个大饭店做厨师，因为喜欢烹饪又爱琢磨，很快升为了厨师长，工资比父母都高，后来自己出来开饭店，现在都有好几家连锁店了，稳妥妥的大老板，从事着自己喜欢的工作，还有成就感，这就是幸福啊。

再次，让孩子逐渐品味到学习的成就感，变苦为乐。循序渐进地让孩子体会到学有所获的快乐，抓住任何细节对孩子的学习效果予以肯定，及时给孩子以鼓励。我至今还记得小时候还不认字时特别喜欢听人讲故事，逮住机会就缠着大人给讲故事。有次父亲说："你认字了就可以自己看书了。"我迫切地学会认字，每个寒暑假沉浸在阅读的世界里。我喜欢写作，从上小学时就几乎每次作文都会被当作范文，这种鼓励让我开始爱上写作，但那时还仅仅是将作文课当作自己喜欢的一门课，觉得作文课是最轻松愉快的。高一时语文老师在班上说："咱们班有文采很好的学生，要好好努力，将来说不定也会像著名作家一样有自己的文集。"他说这话时看着我微笑鼓励的眼神，在我心里撒下的希冀及朦胧理想形成时的兴奋、感动，我至今记忆犹新。不要轻易打击孩子的热情，永远不要说"你不是这块料"，相信自己的孩子一定会有某一方面的特长，让自己生育的璞玉不至于因为粗糙的养育变成顽石，方不负母亲的角色。

为什么要好好学习

关于这个话题，网上有许多经典的文章，在此节选了两个爸爸写给孩子的信，我们大家可以讨论一下。

一个爸爸对孩子的要求

孩子，爱玩是人类的天性。爸爸四十岁的人了，也非常爱玩。但是，爱玩不能耽误正业。爸爸小时候何尝不喜欢玩呢？放学后，爸爸就去割草或者放羊。晚饭后，小伙伴们在大街上捉迷藏，那种快乐的喊叫，撞击着爸爸的耳膜。后来，村子里买了一台黑白电视，晚上，成群的孩子们簇拥着看电视；而我，被你爷爷管教着，在家学习。正是在你爷爷的严格管教下，我才成为村里改革开放后的第一个大学生。如今，多少年过去了，爸爸在宽敞明亮的书房里敲打着文字，过着惬意的生活。那些当年玩耍的伙伴们，要靠田间的操作养活全家。我并不鄙视他们的职业，但正如你说，你也不愿意像西大街卖煎饼果子的小摊贩那么操劳，你也希望像爸爸这样在办公室里工作，免得风吹日晒，冬有暖气，夏有空调。

因此，童年的时候，为了给将来的事业打下基础，总是要牺牲什么。我坚信："我给孩子一个快乐的童年，他将来就会有一个郁闷的成年。"但其实，学习也可以是一种快乐，只要你真心地投入，那种快乐也是童年的幸福和财富。

明天就要开学了，在此，爸爸依然坚定地要求你——你必须要刻苦学习。

孩子，学生时代，是为你的一生的思想、文化等财富打基础的阶段，因此，你必须要刻苦学习。做学问，练技能，去吃苦，这是青春时期的三件事。学问的高低，其实就是人生境界的高低。做学问，其实就是一个漫长的、执着的、刻苦的学习过程。你在这个阶段，成绩好，读书多，将来你做学问的基础也就越扎实。因此，在未来的10年内，只要你在校园里，就必须学习，学习，再学习。

亲爱的孩子，很多年以后，当你也做了父亲，你就会意识到爸爸的良苦用心。多少年前，你的爷爷对我严格管教的时候，我还不服气，觉得自己应该像刘胡兰、董存瑞那样，对抗"法西斯的统治"。现在才知道，我的成长，是踏在你爷爷的肩膀上的，否则爸爸也不会有今天。

而我，宁愿把我身体的每个骨骼，都变成你成长的阶梯，任由你践踏着前进。一年级的时候，你就懂得"一分耕耘，一分收获"，此刻，你耕耘的时期到了，你不能有任何的迟疑和懈怠。你必须像冲锋的战士，一鼓作气，赢得战斗的胜利。你是爸爸精神世界的瑰宝，我，我们全家，时刻等待着与你一起收获丰收的喜悦。

另一个爸爸写给孩子的信

孩子，让我们永远记住，学习上的压力，不算是压力。真正的压力是你面对困难时的束手无策。

"学不可以已"，干任何事，都要有一股精气神儿，学习更是这样。所谓刻苦学习，除了古训中说的"头悬梁，锥刺股"外，还必须有一种坚持不懈的精神。学，就是学，全神贯注，持之以恒。持之以恒，对青春时期的孩子而言，是非常重要的，稍微松懈一点，就会落后。

松懈是非常可怕的。很多孩子在取得了一点好成绩后，就容易松懈。这种松懈，会让你变得自满，让你好不容易取得的一点领先优势，慢慢地损失殆尽。这方面，好多人都有过教训。

"勤学如春起之苗，不见其增，日有所长；辍学如磨刀之石，不见其损，日有所亏。"学习上的进步，就像春苗的生长，今天比昨天没有明显的进步，但肯定会有所积累。小小的进步积累起来，就像春苗那样，隔一段时间再去比较，会发现长了一截。如果你懈怠呢，就像磨刀石，一两天的磨刀，石头显不出凹多少，但是积累起来，凹的程度就是令人吃惊的。

记得初中班主任对学生要求很严格，每天晚自习提前10分钟。这10分钟做什么呢，用来背单词。表面上看，10分钟算什么啊，但长期坚持下来，你的学习时间就长了。这10分钟，即使你背不了几个单词，但也比无谓的说笑闲谈要有价值得多。

"学不可以已"，是让你学啊学啊，一直累得筋疲力尽吗？不是。打个比方吧，你骑自行车，车胎必须要打足气，否则就影响自行车的运行。你知道最怕的是什么吗？最怕的不是车胎被扎，而是慢跑气儿。车胎扎破了，补胎就是了，充足气，继续前行。但是，慢跑气儿很挠头。你一边儿要打气儿，同时还在悄悄地跑气儿，既影响速度，又不出成绩。这个慢跑气儿时，打气儿的过程，就是一种松懈。

慢跑气儿表现在学习上，就是不能持之以恒地勤奋，不能全神贯注。有的家长总是说孩子学习到晚上11点、12点，累得孩子晕头转向。实际上，很多时间就是被"慢跑气儿"给耽误了。大课间，出去转悠一会儿，耽误了一部分做作业的时间；中午回家吃饭，饭后看会儿电视，消遣一会，又耽误了一部分做作业的时间；晚饭的时候，一边吃饭一边看电视，又耽误了一部分做作业的时间。吃饭以后，又磨蹭一会儿。等端端正正地坐在书桌前做作业，才发现，作业堆了一堆，无奈，做吧，一直做到很晚。

想想看，上述的零碎耽误的时间，可以把作业完成大半。如果你脑子慢，做作业又不够熟练，当然会做到深夜了。

上次坐车回家，你们很多孩子在嬉笑，而一个考过状元的学生却在埋头做题，对你们的吵闹不管不顾，充耳不闻。你们说，哎呀，他学得像个书呆子了。其实，我也不支持在学习中没有任何的喘息，但是，我充分肯定的是，人家那种勤学不辍的精神，确实是你的榜样。上次国庆节，你带着那么多书，还买了那么多的卷子，但是学起来，却疲软得很。晚上早早地睡觉，早上睡够再起。然后看电脑，说是下载地理题。我看到你在浏览地理题，我当时相信你在学习。但是，3个小时你没动静，我悄悄一看，嘿嘿，你就是在玩电脑游戏。国庆节4天假，你学习的时间，充其量也不到20个小时，你只是把老师的作业完成了。这就是懈怠。别埋怨自己考得少，别抱怨自己的名次不靠前，别惊讶别的学生竟然考了那么多分。你不想想，你在学校里的边角缝时间抓得再紧，也经不起你几天的时间浪费呀。你这种慢跑气儿，一下子损失了许多以前刻苦的成果。

再说两句俗话。一句是："一天不练手脚慢，两天不练丢一半，三天不练门外汉，四天不练瞪眼看。"另一句是："一天不练，自己知道；两天不练，行家知道；三天不练，大家都知道。"学习又何尝不是如此呢。内心的懈怠，自己必须要警惕。坚持不懈必须装进心里。

懈怠和慢跑气儿，永远是学习的敌人。要想实现自己的梦想，必须像战场杀敌的战士一样，竭尽全力地冲锋，不占领敌人的阵地，就决不罢休。

如果把童年和少年比作一棵树的话，那么，刻苦学习就是努力地汲取大地的营养，竭尽全力地向上长，长得够高、够粗、够壮，这样你才能作为栋梁，或者结出果实。而学习以外的事情，如玩耍、旅游、游戏，等等，就是你的枝叶向斜处生长，有时候，貌似茁壮，貌似有生命力，但是，一旦那些枝叶被风吹雨打去，树的腰杆就不够硬朗。你看看那些做栋梁的，比的都是腰杆，不是枝叶。

枝叶也是一道风景，但是不可茂密得压过了枝干。有些学生沉溺于电脑游戏，沉溺于玩耍，就是在疯长枝叶，而不是在长枝干。枝叶茂盛的，只配做柴火，枝干硬挺的，才能做栋梁。所以，孩子你要明白，青春期，是枝干定型的时候，只有枝干够高够直，你将来才有可能是栋梁，而不是木柴。如果你疯长，你的枝干不够挺拔，那好，等以后你再想做栋梁，晚了，因为你的枝叶已经"七股八杈"了，你的生长方向已经定型了。

你是一棵树，青春时期，长的是树干，而不是疯长枝叶。这就是为什么你必须刻苦学习，去长"树干"，而不是惦记着玩耍，去长"枝叶"。枝叶当然也要照顾到——不是不让你玩耍，而是你必须分清主次。青春时期的浪漫和天真也是一笔财富，但是，你千万不要像有些教育家和家长说的那样，认为玩是儿童的天性。你要记住，学习是学生的天职。

青春啊，宝贵的青春。它像一棵树，长歪了，不能重新再来。它像没有归途的列车，颠覆了，不能重新开始。衷心希望，每个风华正茂的孩子，都能明白，刻苦学习是青春最宝贵的习惯和品质。

学习是最容易的事儿。你知道成年人的世界里，充盈着多少愁肠寸断的困苦吗？疾病、贫困、失败、冤屈、伤痛——相比之下，学习是多么容易的事儿啊！尽管它有时会被贫困、病痛、忧伤所困扰，但是，它不会被无形的手所操纵，不会遭受无情的棒打，不会遭受漫不经心的冷眼，不会被金钱压迫得心力交瘁。尤其是，学习成绩是在一次次的考场上被验证的，没有人能够剥夺你的分数，没有人能够掠去你的成功。

面对繁重的学业，每一个风华正茂的孩子都享有平等的机会。你用不着"拼爹""拼富""拼权""拼势"。优异的成绩与家境的好坏无关，与相貌的美丑无关，与身材的高低无关。如果你抱怨父母没有给你带来优裕的家境而懈怠学业，那么，等你到了中年，你的孩子也会把同样的抱怨施加于你。要记住，青春时期对学业的懈怠，会辱没你生命中的光华，会使你在成年后陷入谋生的困境。

学习最容易，也最神圣，它可以支撑起你的信仰和梦想。它要求你全神贯注、坚持不懈，不许你漫不经心、半途而废。即使你没有高远的目标，优秀的学业也会使你在走上社会后，得到一个生存的饭碗。你一旦下定决心，对学业锲而不舍地钻研，任何的干扰只能是静夜中的一阵风、跋涉中的一块石。

孩子，总有一天，你会在繁杂的世事中，尝受到碰壁的落魄和无奈。那时，你会真正明白：学习是最容易的事儿。你要记住，在矢志不渝地发奋学习后，上天必将给予你加倍的赏赐。你只要坚韧不拔，在知识的大门上敲得够久、够响，那么，你终会把它唤醒。那扇厚重的门一旦开启，人生境界便会像传诵已久的那句名诗——面朝大海，春暖花开。

看了这两位爸爸写给儿子的信，妈妈们有什么感想呢？

每个家庭环境不一样，每个孩子性格特点不一样，家长如何告诉孩子为什么要好好学习其实没有一定之规。孔子早就说因材施教，每个孩子是不一样的，家长跟老师的不同就在于，即使是一个有责任心的老师也是努力创造条件让自己去因材施教，而作为妈妈，你有条件而且有义务、有责任去针对自己孩子的具体情况因材施教。

我认为不能简单地将素质教育和应试教育归类并对立，分成两派去争论不休，别人说的话大面上看都有道理，但究竟是否适合自己的孩子，只有家长有发言权。但是注意一点，有发言权的仅仅是那些有责任心的想好好培养自己孩子的家长，而不是那种把孩子教育一股脑推给学校和老师的家长。

我个人认为除了能适应我们特殊的教育体制外，学习好的孩子还普遍有自信，有比较好的人缘。

我拿自己做例子说一下，我小时候学习不好，一门心思贪玩，成熟得比较晚，总认为学习是父母的事，他们在逼我，我从没有过长远的打算，只是一心做梦将来当个作家。尽管工作后开窍，自己又读研、读博，有一份自己热爱的工作，还是没有足够的自信心，是个比较悲观的人。而丈夫自小在班里是学习的佼佼者，尽管没有考上名牌大学，随后的读研、读博历程按部就班，但是他的自信乐观是我望尘莫及的。不管别人如何在言语上打击他（当然这个别人主要是我，夫妻之间吵架时女方的口不择言大家都懂得，虽然不提倡），他从没动摇过对自己的信心，他认为：我是个聪明有头脑的人，我有自己的生活方式，我不会因为你对我的否定而改变。而他婚后从未对我重言过一句，原因是他知道我是特别敏感自卑的人，别人无意的态度对我都有可能影响至深，何况打击的言语了。

你看，我把这种性格归结为儿时的学习成绩!就像弗洛伊德心理学中讲的成人所有的言行的起源都可以追溯到婴幼儿时期。我实在想不通自己为什么会有如此敏感的性格，我的一生可以说是一帆风顺的，没有经历过什么困境，我咨询了许多心理医生，也看了许多心理学的书籍，总结一点就是：儿时成绩的好坏，老师凭成绩来鉴定孩子的好坏，对孩子性格的影响是至关重要的。

丈夫和女儿也常常说："你小时候学习不好，该玩的什么也没耽误，也不耽误你现在评职称、做老师、著书写文，实现自己的梦想啊！"

关于这一点我想表达两方面的意思。

一是我从小顽皮、学习不好，青春期是问题少女，但是我家教严格。父母对孩子品格和生活习惯的要求不仅严厉而且能够身体力行。小时候家里人多，除了三个孩子，外公外婆和两个小姨都跟我们住。爸爸每天晚上都会去办公室看书、写文章、练习书法，我虽不是天天跟着，但隔三差五地去也是有耳濡目染的。小时候特别羡慕请病假的同学，怎么他们的父母会同意他们不来上课呢？我们家的规矩是只要你能爬起来，就不能耽误上课。我从小头疼脑热不断，但从来没有因此请过病假。而同样情况的丈夫，小时候经常请病假，他对女儿的要求也非常松散，只要她不想去就不去，所以他现在的率性随意与小时候的习惯是息息相关的。而我养成的习惯是在工作学习中身体的病痛可以抛却脑后，只要效率高，就不间断。朋友常笑话我对自己心狠，写书的过程中因为腰疼犯了不能坐，我就蹲着、跪着变换各种姿势打字，其实这对我来说不是坚韧，只是深入骨髓的习惯。当然这并不值得提倡，我只是举例证明一下习惯的力量。父母都是计划性非常强的人，这一点对我也影响至深，这一段时间想达到什么目的，取得什么结果，我脑中都有个大体的计划，并且绝大部分能提前完成，这大概也跟急性子有关。这又跟我后面要说的相印证了，习惯的力量太强大了，教育就是培养好习惯。

二是我是个记忆力比较好的人，适合应试教育，并且善于总结经验，在工作学习中尽量走捷径。这些年来，无论参加什么考试，我没有熬过夜，没有耽误过享受生活。给孩子也一直灌输工作学习一定要高效率，永远不要磨时间的理念。以结果来总结自己的每一步成果，而不是以耗费的时间。

我一直说自己儿时学习不好，其实也缘于没有足够的自信，班里五六十人，我从小学到高中都是在十几二十名左右晃荡，偶尔学习努力些，前十名的次数也不少，但我却一直认为自己不是好孩子，只是缘于我不是学习成绩拔尖的孩子。这跟父母的教育也是有关系的。他们一直教育我要夹着尾巴做人，我取得点成绩沾沾自喜时他们永远说："别翘尾巴！谁谁谁比你强多了。"

我的父母都是老式知识分子，没有接受过先进的教育理念，对我这种让人头疼的孩子，他们没有打骂放弃已经很不错了。但我需要的是更多的鼓励与引导，我经常想如果我的成长过程中遇到过一个像我自己一样负责任的好老师（不好意思，这样自我表扬，但对这一点我可以当着任何人的面骄傲地说我对得起自己的职业道德）的话，我可以少走许多弯路，并在某个领域做出点成绩。尽管因为善于写作，也得到过几个语文老师的青睐，但偏科与顽劣使我错过了大人的悉心引领，只能靠后期成人了自己摸索，这是一件很遗憾的事。我不希望这种事情再发生在任何一个有潜力的孩子身上，我能对自己的孩子和学生负责，而你的孩子不想被错过的话，只有你这个做妈妈的去负责了。

这是一个妈妈应该让孩子明白的道理：你好好学习不仅是

为了将来有好饭碗，还为了自己的一生始终快乐自信并能够坚持不辍地自学以完善自己、充实生命。

关于自学的重要性

孩子们觉得在学校上学的时间是那么漫长，恨不能顷刻间长大成人离开学校。做了社会人才知道，学校的生活是多么轻松啊，只是因为许多孩子没有被引导着发现学习的乐趣，才导致了他们学生生活的百无聊赖，这是非常遗憾的事。

我们一生中能够真正在学校里接受教育的时间是有限的，更多的是需要坚持不懈地自学并把这个当作生活的习惯。

且不说成人踏入社会后不断学习专业知识及传统文化使自己能与时俱进，跟上社会发展，单说孩子从小养成良好的自学习惯，就会受益终身。

我自己是在摸索中尝到了自学的乐趣，本科、考研、考博及各种大大小小的英语水平考试都是通过自学总结了经验，形成了自己认为最有效的一套学习方法。

对待乖乖的教育，也是如此。从幼儿期识字后，就让她自己看书并引导她将书中的道理用到生活中来；上学后作业都是自己完成，老师布置的家长听写都改成自己默写，做完数学题自己检查；跳级升初中时，五年级的语文略过，数学自己学习；中学后每科总结自己的学习方法，有时候我会给她些建议，但是我知道每个人性格习惯不同，还是自己摸索的方法最有效；定期回顾这段时间的学习状况，有"短板"的科目及时复习减少差距。乖乖学习一直是以四两拨千斤的态度游刃有余地进行，这与她比较正确的学习方法是分不开的，这也是在自学中收获的经验。

当然在学会自学前先要让孩子对学习有正确的态度，让他知道这是他自己的事情，家长只是在帮助他。

有一次参加一个培训班，教练就强调确定对待孩子的这个原则：不管大小事儿，让他知道从他的角度去看待他损失或得到了什么。我当时就感觉非常有道理，回家就活学活用。

首先想到的是每天早上乖乖磨蹭的问题。那天她放学后我问她："我自己一天的课，再洗衣做饭收拾家务，累了就难免心烦，催促你出门或起床态度不温和的时候，你会不会觉得自己的尊严受到了侵犯？"乖乖盯着我眼睛认真地说："妈妈，一点也不，我知道你是为我好！我只是有点儿睡不够。要是早上你再叫我不醒，就直接用盆凉水把我浇醒！"我说："这是你自己的事儿，妈妈尽可能地去帮你，给你创造条件快点起床吃饭上学，你要学会充分利用身边的资源。"她点头答应并很高兴地给我讲了老师对她的表扬，同桌学习刻苦给予她的影响云云，主动表了一番决心。

掌握好自学先是要分配好时间，提高学习效率，有成就感了就会沉浸在自学的快乐中。

乖乖是个慢性子，做事比较磨蹭，我从她一年级开始有作业起就送给她了一个汉堡造型的可爱定时器。一年级的语文作业一般是抄写某一课的生词，如果专心致志地快写，十分钟写完昰没有问题的，但是有的孩子边玩边写能花费一两个小时，弄得家长、孩子都很不痛快。第一天我给她说："你跟这个定时器比赛一下，看能不能在半小时内就把作业做完。"定时器滴滴答答地响，给人很紧张的感觉，她非常专心地写，只用了十分钟，我用惊讶得下巴要掉了的表情看着她："天啊！你只用了十分钟！剩下的时间你光玩就行了呀！做作业对你来说这么简单啊，如果明天写得再整齐一些就更完美了！"

第二天我说："今天给你定二十分钟吧，因为还需要多一点时间把字写漂亮一些呢，不知道你能不能完成啊？"她坚定地点点头，用十五分钟完成了整齐的作业。我抱住她说："乖乖，告诉妈妈你是怎么做到的啊？写得又快又好！别的小朋友还在埋头写呢，你已经可以出去玩了！"

我这样详细描述是想传达以下几个信息：第一，写完作业的时间就是玩的时间，这是你的事，与妈妈无关，如何分配你自己把握。第二，你是一个专心的孩子，只要决定做了就一定能做好。第三，养成高效率完成作业的习惯可以事半功倍，生活中其他事情也一样。

后来随着功课增多，周末作业比较多，但她绝大部分会在周五下午或晚上全部完成，因为周六、周日我会带她出去玩，如果写不完或写不好她就没法去了。有时候我会问她一下这个周末她怎么安排的时间，她会飞快地说："半小时数学作业，半小时生物预习，四十分钟物理练习册……"一看就是经过粗略规划做到心中有数了，这样我的目的也就达到了。

自学的好习惯要从小从细节抓起，妈妈如果觉得茫然无措的话，可以把孩子的性格优缺点列出来，把需要妈妈辅助养成的自学习惯的细节列出来，两相结合考虑一下孩子有可能在实施时出现什么样的情况，妈妈如何去对待、解决，一步步地培养，及时给予肯定。

比如用定时器固定时间做完作业或试卷，给其他同学或低年级学生辅导功课，将重点问题讲给家长听，等等，起初需要妈妈引导，慢慢地就会形成自己的习惯。

作为妈妈，对于孩子学习习惯的养成你付出了多少

看了这个题目你可能不赞成，你会举那个经典的例子，文盲农民夫妇五个子女全成博士来驳斥我。你会说人家父母连字都不识，何谈教育，孩子不是照样成材？为什么我孩子的学习习惯要我付出？

当然这世上形形色色的人有许多，每个人的生活背景、天生性格都有可能影响到他将来的成功。我们的孩子大概无法体会那种不拼搏学习就会在偏僻山区面朝黄土背朝天一辈子的原动力，我们没有条件也狠不下心来让他去体会一下没有父母扶持的生活艰辛，他们自然也不知道学习好坏对自己的影响有多大。况且现实生活中让众多父母垂头丧气的是现在的学习成绩与将来的工作成就并不成正比。

不是有这么一个笑话颇流行吗？

学校调进一年轻教师，校长语重心长地对他说："你既然来到我们学校教书，必须学会善待每一个学生，做到因材施教。考100分的学生你要对他好，以后他也许会成为科学家；考80分的学生你要对他好，以后他可能和你做同事；考试不及格的学生你也要对他好，以后他也许会捐钱给学校；中途退学的同

学你也要对他好，他也许会成为盖茨或乔布斯；爱打架的同学你也要对他好，将来他也许会成为警官；早恋的同学你也要对他好，将来他也许会成为文学家；爱撒谎的同学你也要对他好，将来他也许会成为名记者；胡搅蛮缠的同学你也要对他好，将来他也许会成为优秀的城管。总之，要善待每一个学生，让他们个个都能成才，这样才是对社会做真正的贡献。"

虽是玩笑，但也确有道理。每个孩子都是独立的个体，妈妈对自己的孩子最了解，知道他的优缺点，就容易针对孩子的性格培养良好的学习习惯。

在培养孩子好的学习习惯之前，首先要做到的是让孩子知道自己需要好好学习的意义，也就是我们在前文中论述的：为什么要好好学习。否则被动地接受对家长和孩子来说都是痛苦的，学习的最高境界除了能达到我们想达到的那些具体目标外，是能体会到学习本身带来的收获的快乐。试想一个特别乖巧听话的孩子，只是为了让父母满意高兴而努力学习，舍弃了所谓"调皮孩子"们玩闹的时间，又体会不到学习的快乐，那是多么可悲的一件事啊。

叶圣陶先生曾经说过："什么是教育？简单一句话，就是要养成习惯。"

在家庭教育上，很多父母明明知道自己学习家庭教育知识、慢慢培养孩子良好习惯就可以改变孩子，让孩子一步步走向成功，但却给自己找到许多理由不去做。诸如，"没有时间""工作压力大"，等等，甚至美其名曰：这是他自己的事情，不能事事包办。如果这样的话，本来资质很好的孩子沦于平庸，就谁也不能怪了。孩子小，尚不知学习的重要性，社会无法兼顾到使每个优秀的孩子都能成材，只有你有选择决定权，你残忍地因为自己的懒惰看一个好的坯料在时光流逝中干燥作废，还要在它废弃后怨天尤人地找各种理由，这对自己的人生来说也不啻于最大的失败。

在父母对孩子进行的家庭教育上，你重视，抑或不重视，都不会有人对你大加赞美或肆意批评，因为"别人"都和你与你的孩子没有什么关系，你的付出或错过，真正受影响的只有你和孩子。家庭教育是一种自觉行为，父母是不是主动付出、在家庭教育方面做得好不好，真正有发言权的是孩子。所以我在开篇说：成功的父母是自己回首过去不后悔，孩子回顾自己的成长历程充满感恩。

网络上有这样一则新闻：

单亲妈妈郑亚波是黑龙江鹤岗市一位加油站工人，她的儿子在出生四个月后就被告知是智障。由于治愈无望，在孩子四岁时，父亲竟然选择离开母子俩。"就算全世界都放弃你，妈妈也绝不放弃你。"郑亚波下定决心要好好照顾自己的孩子。当她得知孩子在三四岁时开始弹钢琴有利于开发智力后，就为孩子报名学习钢琴。但没想到第一天上课，老师就让她把孩子领回去。没人愿意教孩子，那就自己来。于是，从未接触过钢琴的郑亚波在上下班之余开始看着视频学习弹钢琴。整整十一年，她都手把手把自己刚学到的教给儿子。在《中国梦想秀》中，当儿子给妈妈伴奏演唱时，赢得了全场的感动与掌声。

我们经常会听到一些妈妈抱怨孩子不好好学习，学习成绩上不去，参加了多少补习班都不管用，怎么说都不听话。不知在抱怨孩子的时候这些妈妈是否问过自己：你为孩子的学习付出了多少时间和精力？为培养孩子的良好习惯坚持了多长时间？郑亚波对待自己智障的儿子能不离不弃坚持十几年，你做到没有？是否孩子在成长过程中的一点小曲折就让你过早地给他下定义，使他跟你一样对自己放弃了希望呢？

爱玩是孩子的天性，爱上学习，除了生活环境使他认识到他没有别的出路可走外，关键在于家长引导，所以一个孩子是否有好的学习习惯，很大程度上取决于父母的付出。我们中国人主张"男主外，女主内"，讲究女性要相夫教子，历史也证明了，绝大多数名人都有一个出色的尽职尽责的母亲，母亲在孩子成长教育中的重要性是得到了科学和历史的证明的。如果你有幸遇到了一个对孩子教育非常尽心的丈夫，那非常幸运，当然我们身边也不乏其人，生活中也有许多爸爸教育孩子成功的例子。但是如果你丈夫是个传统的中国男人，认为他应该以事业为重，教育孩子是你的主要任务，那也没有什么不幸。我丈夫就是这种人，爱孩子，喜欢跟她玩儿，想让她像野花一样自由地成长开放。但是人是群居动物，你不可能让孩子自由地任意发展，社会没有给他创造这样的条件。这就需要我们做妈妈的去深思熟虑如何引导孩子养成好的学习习惯，这是件事半功倍的事，远胜于你枯坐在身边监看她顶着一张不耐烦的脸不情愿地学。

我是特别喜欢玩儿的人，出去旅游或闺蜜小聚、打牌、唱歌我都乐此不疲。经常听到女友说："我可不能像你这么潇洒，我家孩子不像乖乖那么听话，我得看着她写作业，要是我不在家她还不知道干什么呢！"

我很同情，因为我能够理解母子间的这种捉迷藏，我少时就是这样过来的。妈妈经常找各种理由进房间突击检查我的学习情况，我就与她斗智斗勇。我一直着迷于看小说，从最初的听到门响赶紧藏书到后来的将小说包上教科书封皮当着母亲的面在上面装模作样地涂涂画画，面不改色心不跳，反正她是找借口进来的，不可能抢过我的书去验明正身。因为我自己深受其害，我不会让同样的闹剧发生在自己女儿身上。

自从乖乖上一年级，我就告诉她，写作业是你自己的事儿，别耽误太多时间，只要会了，写完了就快来玩儿。刚开始时我会大体看看她的作业内容，给她规定个稍长的时间，在她用很短时间写完后，我会惊喜地说：“你效率这么高，注意力肯定很集中吧？居然这么短时间就写完了，我们一起看看你写得怎么样。天啊，还写得这么好！我就知道一上学你肯定是个学习好的孩子！”

说到这里我得插一段，乖乖五岁半上学，那时入学年龄管得不像现在这么严格，但是有个简单的入学测验。语文是认几个常见的简单字，背一首儿歌或诗，她背的是李白的《宣州谢朓楼饯别校书叔云》，因为那是挂在我们家墙上的父亲的书法作品，她从小熟背。数学是问一问简单的加减法，当时的老师问了几个后，见她对答如流，想问一下她是否有“零”的概念，她想问“0+7”，结果一张嘴说错了，问成了“0-7”，还没等她改过来，乖乖张嘴说：“负7！”那个老师惊奇地说：“你居然会负数了！你去上初中吧！”

这当然是开玩笑，事实上是乖乖没有经过学前班直接上一年级使她经历了人生的第一次小挑战。首先是她没有正经上过课，还是幼儿园时大家围桌坐的自由散漫，想说话、想回头都随便。幸好她遇到的第一个语文老师性情温和，见她东张西望就笑着打趣她："周雪凝同学，这些同学要跟你同班五年，你有的是时间去认识他们，你还是看老师吧！"

不管孩子具体的学习内容不代表放任自流，妈妈要始终掌握自己孩子的学习状况。我一直是隔上一周两周就去跟老师交流一次，了解她的情况。

在与老师的交流中我知道乖乖刚入学时的学习情况是落后于其他孩子的，原因是我忽略了学前班要学拼音的问题，因为她是直接识字的，我们都忘了还有拼音这个茬，而拼音又是小学一年级语文的主要内容。别的孩子都有基础而她不会，我问她难吗？她没心没肺地说不难。我说："妈妈相信你，你用一个月的时间就能把拼音全部掌握，这对你来说是小菜！"她自信地点点头。以后我们都没有再提这个话题，因为一个月后我再跟老师交流时，她已经把拼音全部掌握吸收了。

所以说乖乖上学后起初是落后于别人的，但我一直坚信不疑地对她说："你是个爱学习的好孩子，又这么聪明，你肯定学习好！"

说实话，乖乖在学习上一直不是拔尖的孩子，只是在上游。这跟我的要求应该有关，我总是要求她尽快做完作业多玩一会儿，不用把时间浪费在反复重复已经掌握的知识上。但对学习习惯的培养我是严格而始终如一的。

听写、家长签字这个作业环节在进行了两次后就改成她默写、我签字，后来我让她模仿我签字，以后可以代签，她居然没敢，也就作罢。

我告诉她妈妈有自己的生活，学习是你自己的事，你需要我可以竭尽全力帮你，但我不可能陪你学，因为我也要学习，在学习之余我也想去玩儿。

所以乖乖从小就养成了自学的习惯。

四年级的暑假老师布置了一大堆暑假作业，她哀叹着说："这些我都会了，为什么还做这么多啊！"因为之前她回家也说过老师反复讲一个知识点，一节课就学那么少，等等，我是老师，自然知道要兼顾绝大多数，但是对她来说就有点浪费时间了。于是我说："不想做作业的话你直接考初中吧。"她雀跃着叫好。我说："我可没时间给你辅导功课，你自学五年级的课程。"她说没问题。

虽是闲谈，我也认真去咨询了朋友家的两个跳级的孩子，两个家长都表示还是要慎重。我又回来跟她商量，分析利弊，她自己决定：如果有可能的话，我非常想跳级，我能保证自己能跟上。

我又跟家里其他人商量，全家都是做老师的，又了解她的能力，对这一点倒也没觉得特别另类。我跟丈夫分析：乖乖即使按部就班地上学也不是在学习上出类拔萃的孩子，一是我们不想让孩子太累，总让她玩儿着学。二是她自己也不是争强好胜的性格，总是觉得比大多数同学学习好就不错。如果她个人觉得现在上课浪费时间的话，不如给她创造个环境，让她早点结束这种以单纯背些知识点为重的教育，早点去大学学一些自己喜欢的东西。

在意见统一的情况下，我给她借来了五年级的数学书，她每天看一个小时，两周看完了，我问有什么问题吗，她说没有。我选了书中的几个题考她，也都会做了，语文我感觉没有必要看，就带她去参加初中入学考试了，顺利入学后第一次月考居然还考了全班第三的成绩。但是后来的数学成绩一直不稳定使我意识到，五年级的数学知识，她只凭自己当时看明白了，没有经过反复的练习还是很不扎实，只要涉及到以那一部分为基础的知识点，她就比较模糊。

我们来总结一下，关于帮助孩子养成学习的好习惯，应该注意以下几点：

一、养成阅读的好习惯

这个我们前面已经详细讲过了，一个爱读书的孩子不会差到哪里去，因为书籍对人的教育能力是对人的主动启发，不是我们唠唠叨叨的强迫说理所能比拟的。

二、养成自学的习惯

自学能力的培养对人一生的影响是至关重要的，可以体现在生活的方方面面，关于这一点有专门一节的论述。关于学习课本知识这方面，妈妈需要从小抓起。

三、养成讲求学习效率的习惯

与其呆坐在那里磨蹭时间，不如让孩子好好去玩。既然坐下学习，就一定充分利用每一秒的时间，做到有收获。每次坐下学习前，心里有个小计划，今天我要达到什么目的，然后用最短的时间做到。

四、学会总结学习方法

学习方法是非常重要的，很多孩子学习态度端正，一门心思苦学，头悬梁锥刺股也达不到好的效果，结果导致自信心受损。我们都是做学生过来的，都有自己的学习经验，可以与孩子分享。如果没有也无妨，网上资源非常丰富，针对不同的科目都会有一些有效的学习方法，掌握这些方法，孩子的学习可以事半功倍。

五、与学习态度端正的同学多交往

老祖宗说的"物以类聚，人以群分"是千真万确的真理，我们大人尚且会不由自主地受环境的影响，何况孩子。与讲究吃喝玩乐的孩子交朋友势必会虚荣攀比；与积极求学的孩子交朋友，势必会在学习上你争我赶力求上游，孟母三迁就是深谙此理。

六、创造良好的学习氛围

不是你给他布置好舒适的书房让他躲在里面不出来就是尽职尽责了。想学习的人身处陋室、闹市也能安之若素。关键是家长帮他培养一种积极向上的学习态度，不把所有的希望都寄托在学校和老师身上，教他不虚度人生，每天学习进步，让他感觉学习是人的一生中始终在进行的一种状态，并由此感到充实快乐。

如何学好英语

乖乖到英国探亲，很快就适应了英语，当然本来十几岁的孩子就比成人接受语言快，中国的高中又是对英语强化训练，我们不管是什么硕士、博士毕业，回头看看学得最扎实的时候还是高中，很多人都称之为"吃老本"。她正处于这个阶段，我有什么一下子想不起来的单词还需要问她，周围的英国朋友又都用与中国相似的英式礼貌夸她英语好，她对英语学习的兴趣更加浓厚了。在英国买东西、问路等她都给博士毕业很多年英语不用几乎要荒废了的爸爸当翻译。

在此之前，有一次我跟一个美国回来的同事聊天，她女儿在美国长大，初中时回来的，现在跟乖乖一样读高二，她说女儿英语最好，150分的题她能考130多分，全班第一。我回家给乖乖转述，她好笑地看着我说："妈妈，你不看我成绩单吗？我也都是考130多分啊。"我很不好意思，因为我只知道她英语不错，还真没注意她考多少分。

总的来说，乖乖的英语没有吃力过，我感觉与以下几方面的原因有关。

我怀孕时考的全国外语水平考试（WSK），我自己的英语听力和专门放给儿童听的所谓的"中式英语"（就是那种一群孩子大声朗读"red,red，红色""blue,blue，蓝色"）终日不断。

乖乖出生后认中国字的同时也认识了许多英语单词，在她蹒跚走路话还说不太清楚的时候，经常玩的一个游戏是我用英语说身体的各个部位，她迅速指点，类似我们的"指鼻子指眼睛"的游戏，我自己想出来让她边学边玩的。

幼儿园上的是外国语幼儿园，有专门的英语老师，但说实话并不系统。但是上面这些都潜移默化地为她的语言敏感性打下了基础。

朋友忧愁地对我说她女儿学习特别好，就是英语偏科，也找老师补课，自己也努力学，就是成效不大。究竟怎么才能学好英语呢？

我个人的经验是学习方法非常重要，妈妈可以通过自己总结或者搜集网上、书上的英语学习经验给孩子。其实只要学习得当，英语是比较容易大幅度提高的，而且现在国内的英语主要是应试，完全可以就此总结一些应试技巧。

比如我在自己的学习过程中感觉快速阅读非常有用，尤其在英语考试的阅读理解项目中，容易拿分。我就在乖乖刚开始识字读书时就跟她比赛看谁看得快记得多，有时是讲故事，有时是背一首我们都没有背过的古诗。学英语时就告诉她将精读和泛读结合，尽量要求自己在最短的时间里阅读完一篇文章，做完题后再精读找自己错过的关键点。英语考试中的阅读理解不需要字斟句酌地细读，时间也不允许，做对后面的题目是王道。

毋庸置疑，单词量是学好英语的一大关键。如何高效率背单词是每个学生都要面对的现实，我上学时无意中从一本书上看到背单词最好调动眼、口、脑、手，就是一边看一边小声读一边在纸上写，我用了，效果是不错的。我也曾经用这个方法要求自己强化记忆，最好的成绩是二十分钟记住五十个单词。还有就是重复记忆法，根据遗忘的规律，不断重复需要记住的单词，一个小时后、第二天、隔一天、隔一周，渐渐加长时间，直到最后记住。我自己摸索出来的经验是今天背的单词都记在一个本子上，下次自我检查时捂住中文解释只看英文，不能同时看释义，因为有时候感觉自己记住了，真出现在文章里又茫然了。第二次检查时将没有记住的单词前面画上记号，第三次检查时只看那些画记号的，因为你单词本上的单词是越来越多的，没有精力每天复习，那样也容易丧失兴趣，这次如果还有不会的，画上不同的记号，这样每次歼灭一些画记号多的单词，那些顽固不易记的经过多次重复也就攻克了。还有联想记忆法，自己形成联想的习惯，可以通过谐音、拆字等方法进行记忆。

这些方法对乖乖都是不管用的，因为她的记忆力确实很好，一节英语课下来她能把所有需要记的单词全部背过。我推荐她看的联想记忆法，她说我还没等联想呢已经记住了，我感觉这个跟她早开发智力，我又强化她迅速记忆一些知识点有关。

乖乖上高二时我问她能不能英语争取考满分呢，她说："理论上不可能，谁会给你英语作文满分啊？"虽然有道理，但是英语作文得高分还是有捷径的。

参加了各种英语考试，我感觉英语作文是最容易得高分的。市面上有那么多作文范文书卖，即使不花钱，从网上下载二十篇各种体裁的范文，精心准备一下就完全可以应付各种考试。不要死记硬背地去背范文，只记最常用的句式，各种体裁的作文自己总结成一个模板，比八股文还简单的"三股文"就足够了。找出往年真题，反复应用这些模板写各种题目的作文，形成自己的思维定式，不管什么考试，出什么题目，要求什么体裁，背着自己的模板往上换主语和宾语就可以了。

我们都是做老师的，知道批卷子时间一长就不可能聚精会神地去仔细品评每份试卷上的长篇大论，往往看脉络、找关键词再加上卷面分，一篇出自个人总结模板的流畅作文，又不是抄袭，不得高分都挺难的，这样作文省下的时间还能"接济"一下其他的题目。

说到这里需要插一句：妈妈一定要提醒孩子注意卷面的干净，我批卷子时喜欢把乖乖叫过来让她看论述题部分得高分的学生和得低分的学生差别在什么地方，其实内容差距并不大，但是字漂亮了、纲目列清晰了、卷面干净了就不由自主地给高分，有时候因此差上五到十分也不是什么稀奇的事。所以，不仅仅是英语，所有科目的考试都一定要注意保持住自己的卷面分。

学好英语不仅仅通过看书做题，还有许多能够让孩子感兴趣的方式。

乖乖小时候一直看爸爸给她买的《洪恩GoGo学英语》，不知道现在还有没有，当然那个也没觉得有特别出色的地方，现在应该有更多更好的选择。根据孩子的年龄段，让他看不同的英语电影或者做一些记单词的英语游戏都是不错的选择。我听到非常优美的英文歌曲时会推荐给乖乖听，尽管她没有多少音乐天赋，但是听到那些好听的歌也会抱着手机跟着一句句地哼唱。我们都是从十几岁过来的，都经过了抱着收录机沉浸在流行歌曲中的年龄段，何不将学习与娱乐结合起来呢？

每个人智力水平不同，甚至仅仅是由于性格不同，就会有不同的适合自己的学习方法，越早帮孩子掌握到他最有效的学习方法，孩子越早受益，不仅有成就感，而且会激发学习兴趣。

先帮孩子学会应试，再有针对性地提高他的听力和口语，孩子的英语势必会有明显的进步。

能不能不去补习班

关于上不上补习班的问题，是需要具体情况具体对待的。我们中国的父母很悲哀也很无奈，一边喊着孩子太辛苦要求政府采取措施给学生减负，一边变本加厉地给孩子报各种假期补习班，把孩子所有的休息时间都占满。我也是学生的家长，我当然明白那种被逼无奈地去适应大环境的心情，光减负了，学习跟不上，考不上大学怎么办？

我们先分析一下家长的焦虑：随着我们国家倡导高等教育普及，各高校都在扩招，现在的孩子们几乎都能上大学，不过是好坏之分。我们都知道学习成绩的好坏跟将来的工作业绩并不完全成正比，北大清华毕业而终生碌碌无为的人有的是，没上过大学照样功成名就的也大有人在。作为一个教育工作者，我客观地看待这个问题的话，得出一个结论：我们对于孩子是否能考上好大学的焦虑给孩子造成的最直接的影响就是他是否自信。

有些孩子就会想：我不行，我学习不好，将来肯定考不上好大学，白花家里的钱。爸爸妈妈给我的定位就是我学习不好，注定将来一事无成。

自信的孩子就会想：我学习成绩不好，将来可能考不上好大学，但是那有什么关系，我聪明，我有经济头脑，我可以从商赚钱让爸爸妈妈过上好日子（我可以做个艺术家，将来开个钢琴学校教孩子；我可以做个护士，虽然累点但我喜欢，还可以照顾好父母家人；我很有做菜的天赋，我要好好发挥我的特长，先开个小饭店，再开连锁店，把自己的事业越做越大；我喜欢摆弄花草，我要做个园艺工人，每天享受新鲜的空气和花草的芬芳，让爸爸妈妈的房间里常年飘着花香），好好孝敬他们，让他们以我为傲。

每个父母都望子成龙，望女成凤，都不愿意承认自己的孩子是普通人，都希望他将来能有一番自己想象不出的好成就，当年我们的父母也是如此憧憬我们的。然而功成名就的人是凤毛麟角的，我们今天就是普通的家庭主妇，有一份平凡的工作，每天经营柴米油盐，这就是我们不得不面对的生活。我们的孩子，如果他能自立，有一份自己喜欢的工作，有一个温暖的小家庭，这就是非常难得的事情了，而做到这些很大程度上取决于他的性格、生活习惯，而不是取决于他中小学的学习成绩。

我是个急性子的人，一直在急匆匆地往前赶，总是想孩子上学后怎么样，孩子长大后怎么样，其实不过一眨眼的工夫，那个奶胖可爱的小人儿就已经长大了，我们跟他在一起的日子屈指可数了，我们忽略了现在每一天的日子都是我们所谓的"生活"。

现在都流行说"活在当下"，有谁又能真正明白"当下"的含义，从而珍惜现在孩子的每一天呢。很多家长说："现在还他一个童年，我就会欠他一个成年。"这是个很难把握的事情，怕就怕你不还给他一个童年，照样欠了他的成年。

最典型的例子莫过于强迫孩子在假期上各种补习班了，无视孩子的抗议，强行让他去补习班度过假期。

当然有的家长这样做也有无奈的理由："这么长的假期，我们都上班，他不去补习班就天天在家打游戏，去了不管学不学，就当老师帮我们看孩子吧。"

我们先不说家长从小没给孩子培养良好的业余生活的习惯，单就对孩子的影响这方面来分析一下。

第一，英国的一年有三个学期，每学期就十周，每学期中间会放一周的期中假，家长会适当调整自己的工作时间带孩子去看电影、郊外游玩、旅行，等等。我们中国一年两个学期，每学期有十八周左右的课，中间没有休息。好歹等到孩子放假了，我们天天喊减负的家长真看到孩子轻松了心里却会焦急，因为别的孩子在上补习班。对孩子来说，无论精神还是身体，该放松的阶段就这样毫无商量地被抹杀了，还美其名曰"为你好"。当然我作为家长深知，我们的初衷就是为了他好，否则我们费钱费力不讨好为了哪般？不就是为了将来吗？好，那么我们就看一下。

第二，且不看缥缈的将来，我们先看现在。如果一个孩子在学校学不好该学的理论知识，那么他到了补习班又怎么有心思学好？学校老师了解自己的学生，能够按照大纲计划有步骤地进行教学以应对我们做家长的最重视的各种考试。补习班的老师不管是复习还是预习，都不可能针对某一个孩子的短板进行有的放矢的补习。孩子能积极听讲的还好，当然能积极听讲的孩子在自己学校就可以学到，就不用来补习班了。听不进去的就坐在那里百无聊赖度日如年，这么美好的日子就这样一天天过去，家长觉着是对得起付出的金钱，还是对得起孩子虚度的华年，抑或是对得起自己渴望出现奇迹的期盼？细究一下，交钱让孩子去上补习班是不是更多的是因为对孩子学习现状的无奈而花钱买心安？

第三，逼着孩子去补习班的家庭，母子关系都好不到哪里去。为什么？你没有尊重孩子的意愿，你无视他的需求，只是单纯地凭着自己的感觉认为这对他有利，而当下感受不到获益的孩子肯定会对你产生逆反心理，而这种在性格形成期的抑郁势必对他的成长产生不利的影响。

当然也有特殊的情况，比如孩子学习态度比较端正，但是不得其法，学起来比较吃力，他自己有意愿让人指点迷津，这时你可以与他商量，有针对性地给他报个补习班或请个家教。如果孩子本身对学习非常排斥，你还不如早做决定让他选一门特长去专攻。参加各种兴趣班倒是不错的选择，但也一定建立在孩子喜欢的基础上，否则就是白花钱让孩子受罪。

关于如何解决孩子们假期管不住自己，一天到晚打游戏的情况，住在附近小区的家长们可以联合请一个暑期打工的大学生，轮流去学生家里管理几个孩子，给他们的生活安排得丰富一些，每天做少量的功课，剩下的时间大家打羽毛球、做游戏、学做饭、去附近游玩，让孩子们分工负责生活的各个方面，学会如何与别人相处，这无论对大学生来说，还是对孩子们来说，都远比去参加枯燥的补习班有意义得多。

当然有条件的家庭还可以让孩子去爷爷奶奶或外公外婆家，如果他们在农村就更好了，这对孩子来说是很好的锻炼机会，不要说什么脏啊苦啊，这都是大人的看法，孩子们开心地玩了，接触大自然了，学到课本上学不到的知识了，这才是重要的，大人们认为的"脏、苦"对他们来说根本都没有任何概念。

乖乖上学后没有参加过任何学习补习班，只是在高一寒假去参加了个新东方英语夏令营，那是济南新东方的一个新教区，据说吃不好、睡不好，还招了跳蚤，但一帮同龄人玩得很开心，短短几天的时间对英语学习想来也不会有什么太大的帮助，但是她很开心。

我们夫妻非常幸运的是都是高校老师，有跟孩子同步的寒暑假，每年寒暑假就带她到全国各地旅游，北到了内蒙古，南到了云南，去了港澳，高一的暑假去了英国。上大学后她去了日本、美国、墨西哥，现在独自去闯世界我们也不用担心了。

当然她最喜欢去的地方还是回爷爷奶奶家，是个小城市，有山有水，还有她最喜欢的表弟同同，比她小两岁，长这么大姐弟俩别说吵架了，连脸都没红过，真的是相亲相爱。我知道我们的管教还是比较理性的，乖乖隔段时间回老家享受一下爷爷奶奶的溺爱，对一个性格已经形成的女孩子来说也属于一种精神甜点。

孩子也都挺不容易的，家长千万要确立一个客观的原则，根据孩子的性格、志向分析自己的孩子将来会怎么样，如果他能超常发挥那是意外的惊喜，如果他正常发展，我们也该感激命运眷顾一帆风顺，一切以他能够幸福快乐地享受当下的生活为基础，抉择某件具体事情的时候能把握这个大方向就可以了。

疫情期间如何保证学习和生活质量

疫情期间家中上网课的孩子创下了无数的段子，很多家长感叹，"神兽"在家才知道学校的老师有多么不容易。妈妈们别光哀叹、诉苦、埋怨，要知道自己才是确定家庭氛围的主干将，确定孩子学习态度的主动权也掌握在我们手中。

看过电影《美丽人生》的妈妈肯定都会有这样的感受，心态决定了一个人生活是否幸福快乐，在集中营那样残酷的环境中父亲给儿子努力创造出快乐天真的童年，让他感受到生活的美好。事情都具有两面性，疫情造成的不便和损失大家都有深刻体会，妈妈们通过迫不得已的家庭网课形式学会苦中作乐。

先确定家庭上课的基调：真高兴我们多了与孩子共处的时间；这是一个很好的重新塑造孩子学习习惯的机会；孩子就此可以培养自学及自我管理的能力。把这些积极向上的情绪传递给孩子，让他觉得通过这段特殊时期的休整和自我管理，再去学校时他会是一个崭新的自己。推而广之，对待生活中的其他变故，我们也尽量能够笑着去面对。

有些家长凭着见过几次面的印象或者孩子的一面之词，对某科目的老师意见很大，在家或者对外当着孩子的面数落老师种种不好，把自己孩子某科目学不好的原因都归结到老师身上。我们且不说这个老师的好坏是真是假，单看你这样做的后果是什么。直接后果是孩子会理所当然地认为我这门课学不好都是老师的原因，我学不好也与我自己无关。间接后果是孩子学会了推卸责任、埋怨别人。大家都是普通人，老师队伍良莠不齐，出现了素质不高的人也不是不可能，但是不管发生什么事，妈妈要把握一个大原则就是这件事如何处理会对孩子造成什么影响。从自己孩子健康发展的角度，我们就该引导孩子去发现这个老师身上有什么优点，我们如何通过老师的缺点发现这种为人处世对别人造成的负面影响，去总结我们不这样对待别人。孩子在这种情况下尚且能学到一点专业知识，稍有进步时就大加赞叹他情商高，能够化不利为动力，这样以后可以跟不同性格的人交往了，等等。

引导孩子制定学习计划，学会自我学习管理。年龄小的孩子可以按照老师布置的来，年龄大的孩子可以根据自己的短板有的放矢地做详细的计划。

疫情期间我们大学的专业课也是上网课，很多农民家长就跟孩子一起学习果蔬加工、动物饲养等专业课，家长觉得很获益，学生觉得家长跟自己一起学以致用也很有成就感。有时间条件的家长在疫情期间可以跟孩子一起上网课，但一定要明确自己的身份，不是专门监督他的家长，而是与他一起学习的同学，端正自己的态度跟孩子一起去学习。课后可以分析讨论，说一下自己的收获，倾听孩子的感受，对他的分析表达赞叹，比如，"我听这部分时还真没留意到这个方面，你真是挺认真细致的"。也可以虚心请教孩子，不是很虚假地说"你再给我讲讲吧"，而是具体地去说"老师说某个部分时我没有听明白，他是说什么什么意思吗？"这样就是一次很好的课后复习。

还有很重要的一点，帮助孩子形成科学良好的作息规律，形成习惯后孩子会终生受益。开学前传达给孩子积极肯定的情绪："你在家自我管理都能进步这么大，你学习习惯这么好，这么有自制力，妈妈放心你去学校了，与同学们一起学习肯定能更受益。"

与孩子一起做游戏时要表达自己的幸福快乐，而不是一再不耐烦地说"你怎么还不开学啊，快烦死我了，你怎么这么不听话啊，快回学校让老师好好管教你吧！"之类的否定孩子过去且给他将来留下"不情愿学习"印象的话。

疫情在家期间可以带孩子一起做家务，比如种花、做饭、晾晒衣服等，一边培养他享受生活，从精神层面提高生活质量，一边让他从实践中体会到妈妈的不容易，而不是靠唠唠叨叨地自我表扬给孩子施压，这一点我在"快乐的家务活"一节中有专门论述。

创作一些适合自己家人性格的互动游戏，比如一起看诗词大会然后比赛背诗，一起研发一种新的美食，家庭才艺展示，朗诵会，等等。

其实不止疫情期间，生活中的每一天确定好家庭氛围、提高家庭生活质量及孩子的学习质量都是妈妈应尽的义务和责任。

如何面对校园欺凌

校园欺凌是哪个妈妈也绕不过去的一个话题，对有些家庭来说甚至就如噩梦，看到一些特别恶劣的校园欺凌事件，真是让做妈妈的人心如刀割。

遗憾的是大部分的孩子遭遇欺凌却瞒着家长，这主要是源于三类原因：一是家长不以为然，告诉家长也会认为小孩子之间打打闹闹是正常的，有些家长甚至会反问孩子："为什么光打你不打别人？"给孩子造成二次心理伤害。二是家长的处理方式孩子认为无效，许多家长会说"他打你，你打回去"，胆小的孩子会觉得这根本无济于事，所以下次就不告诉家长了。三是有些孩子怕家长担心，不想给家里添麻烦，就自己默默忍耐。

我想起自己上小学时，有个高壮的男生每次排队放学时都会故意碰撞我，有次把我撞倒了，胳膊肘出血了，我大哭，回家却不敢说，因为在此之前姐姐笑话我是"窝里横"，在家看着怪厉害，出去被人欺负，我觉得很丢脸，而且告诉父母的结果是父母不以为然。后来有一次放学我又被撞倒了，路过妈妈办公室哭着告状，妈妈还是不以为然，倒是她同事说："这还了得，光欺负我们，让你哥哥去教训他。"她家的哥哥比我大三四岁，正好也在办公室，当时就跟两个大人一起去追上那个还未走远的男生告诫他若再欺负我就打他云云，那个男生其实也就是个调皮的孩子，并没有多少胆量，从此见我就离得远远的。

我不知道的是乖乖跟我遇到了同样的情况，她却是长大成人后才告诉我。当年她上初中时因为比别人小三四岁，有个男生就老是故意碰撞她。她才不像我这么逆来顺受，摆出拼命的姿态跟那个男生干了几架，那个男生就再也不敢欺负她了。她说："当时我跟他打架，胳膊、手上都是伤，你问我我就说是自己摔倒了。"我问她："你当时为什么不给妈妈说啊？"她说："跟你说有什么用，我得靠自己，我才不怕他，他跟我个子差不多高，最后一次我边打边把他追到厕所里躲着不出来。"这件事让我很愧疚，我一直以为乖乖是文静的乖乖女，不知道她还有这种经历。

校园欺凌太普遍了，以至于很多父母都不以为然。这也造成了很多悲剧，有些孩子当时忍不住就自杀了，有些孩子终生心存阴影。每个孩子性格不一样，为了防患于未然，细心的妈妈一定要注意观察自己的孩子，若出现以下的情况，他有可能就遭到了校园欺凌。

1.身上带伤。

2.个人物品经常丢失或损坏。

3.零花钱无故增多。

4.不愿意上学。

5.睡眠异常，有失眠、噩梦、尿床等现象。

6.心情沮丧，缺乏信心。

7.有自我伤害甚至自杀倾向。

　　校园欺凌不仅仅是身体方面的，也有可能是精神方面的，如被造谣、被孤立等。

　　一旦发现这种情况，做妈妈的首先要与孩子耐心沟通，表达对孩子无条件的爱与支持，让他明白不管发生什么事，一定先告诉父母，爸爸妈妈总是他的依靠。不要盲目简单地让孩子打回去，让他学会机智地应对，先保证自己的人身安全。根据具体的情况，跟学校老师沟通。难以解决的问题，向专业人士请教，必要时用法律武器进行自我保护。

　　这个时期要注意孩子的心理安全，多陪伴孩子，在处理过程中让孩子参与，让他学会如何处理此类问题，告诉他人生会遇到许多不公平的事情，我们应该用什么样的心态、什么样的技巧去应对，以保持孩子健康阳光的生活态度。

带着孩子去交际　做个轻松好妈咪

　　每个妈妈都对孩子小时候付出的操劳辛苦不堪回首，喂奶、洗尿布、哄孩子，休完产假还要白天上班，晚上带小孩，孩子若是闹夜，妈妈根本无法休息好。

　　孩子三岁前妈妈们就别想逛街、喝茶，有自己的社交圈子。若是谁抱怨，大家肯定都翻白眼，我们不都这么过来的吗？中国哪个妈妈不这样啊。

　　但是外国的妈妈就不这么辛苦。

　　有次在美国参加一个朋友的家庭聚会，大家喝茶聊天非常惬意，来了位年轻的妈妈，提着一个漂亮的篮子，里面居然躺了个小小的婴儿，我老生常谈地问宝宝多大了，她微笑回答："十天。"我几度认为自己听错了，再三确认方敢确信，这个在中国还应该躺在床上坐月子的妈妈居然带着出生十天的宝宝来参加聚会了。大家围着婴儿篮七嘴八舌，宝宝居然也不怕人，瞪着乌亮的眼睛，偶尔咧嘴欲哭，有经验的妈妈们就逗他一下，而他自己的妈妈跑到庭院的游泳池里潇洒地游泳去了。

后来经常在教堂、商店看到这种提着婴儿篮或推着婴儿车的妈妈们，我也见多不怪了。

对比一下我们在孩子婴儿时期只是待在家里，面对着人事不懂的孩子和做不完的家务，难怪好多新妈妈得产后抑郁。

晚上哄孩子睡觉时就是教育他的最佳时期，孩子小还没有好恶时，你浇灌他什么，她就会吸收什么。乖乖小时，我是给她背唐诗宋词或者唱英文歌曲，这些朗朗上口、韵律优美的文字比儿歌更容易带给孩子安宁。孩子长大后喜欢文学、英语，且成绩很好，我认为跟儿时最初接触的教育是密不可分的。

孩子长大一些就更应该带他出去多参加社交活动了，单位、小区，不管什么地方，肯定有同龄的孩子，选择几家比较谈得来的，形成自己的小社交圈子。平时大家相约一起带孩子去公园玩，轮流到每家做客，周末聚聚餐，这样一来孤单的独生子们有了玩伴儿，妈妈们也可以交流生活经验。在孩子与其他孩子玩耍的过程中及时发现自己宝宝存在的问题，哪个妈妈有特殊情况时还可以相互帮忙带带孩子，无论对哪个人来说都是有利的。

乖乖小的时候我们院里就有这样的小圈子，一直到现在孩子们大了，我们还偶尔会在节假日约着一起出去玩。我就是在乖乖跟小朋友玩的过程中发现她性格比较内向的。当时是周末的晚上，在一个小朋友家里，四个妈妈在聊天，四个四五岁的孩子在客厅里疯跑笑闹，但不一会儿就听不见乖乖的声音了，找她时发现她在一个角落里津津有味地看书，无视周围吵翻了天。我过去对她说："乖乖，小朋友们难得聚在一起，看书随时都可以，你还是去玩玩吧。"她说家里没有这本书，我就鼓励她去问问阿姨是否能借，并叮嘱她说好还书的日期。她去做了，也参加小朋友的玩闹了。可是没有十分钟，她又坐在那里看书了。其他的妈妈都表扬她乖，在这么吵闹的环境中还能一门心思看书，我却真的在心里感到着急了。

养成爱看书的习惯当然很好，但是现在的社会更需要交际，一个书呆子是无法充分融入现代生活中的。

从那以后我更加注意带她出去玩了。乖乖喜欢大自然，我们住在泰安也有很好的环境，周末去山上的小溪里捉鱼捉虾、草丛里捉蚂蚱是乖乖最喜欢做的事，读书的习惯也已经养成，我就把重点放在了她的交际上。只要是需要与人沟通的事，让她去解决，抓住所有能锻炼她表达和沟通能力的机会让她去锻炼。她很快适应了这种行为，与人打交道一点也不怵头，男女老少都能聊到一起。以至于后来她有点话痨的倾向，我需要委婉地提醒她女孩子应该矜持些。

当然如果一家三口出去玩也很好，英国这边就特别重视全家在一起的休闲时光。乖乖爸爸是个宅男，能不出门就不出门，也不喜欢跟人交往，这跟他从小的教育环境有关，他小的时候很乖，只喜欢在家读书，而乖乖的爷爷奶奶引以为傲，因此养成了现在的性格，这也是我引以为鉴不让乖乖重蹈覆辙的原因。

妈妈们注意在玩的过程中时刻观察自己的孩子，不能瞎疯闹一天就是尽兴了，要养成总结的习惯，回家的路上可以对他一天的表现提出表扬和提点，哪些言行非常好，哪些还需要注意。也让他学会观察，学会分辨别人的言行是否得当，从中应该吸取哪些教训，等等。也可以让他提醒你自己有哪些不当的言行，以修身养性，完善自己。圣人日三省吾身，我们完全可以仿效，让孩子从小养成这样的好习惯。

你看，在带孩子社交的过程中，我们不仅享受了生活，还教育了孩子，锻炼了他的社交能力，一举三得，何乐而不为呢？

第三章

—— 如何对待青春期

孕育花季的和风细雨

孩子走什么路

乖乖五岁上学，五、六年级没上直接上了七年级。对于此事周围的人褒贬不一，恰巧孩子中考失利，成绩比平时成绩差了一些，我在自己的博客里给孩子写了封信，并告诉她不管发生什么事，妈妈都会站在她身边尽全力帮助她。

有个朋友留言对我说这样做太急功近利，孩子太小不该让她那么早就栉风沐雨，另外她认为父母为孩子付出是天经地义的，不用让孩子知道并感激。对此我做了如下的回答：

这是好多人的观点，也是传统的观点，其实我认为不该一概而论的。孩子千差万别，家长是最了解自己孩子的，从小看她长大，知道她适应什么样的教育。你还比较委婉，有些人一看到在孩子教育上的小挫折就会否定整个教育方式，不认可针对性教育的方法，提倡顺大流，这才是对自己孩子的不负责任。一次考试失利就算栉风沐雨，我们未免太低估孩子的承受能力了。想让孩子单纯地沐浴阳光，我们的大环境何曾提供过？这只是家长们从众的自我安慰。孩子从一年级开始，甚至从幼儿园开始就不可能有天真无邪的童年，每个家长对此应该都深有体会，那么我们为什么不给孩子创造一个相对轻松的小环境呢。孩子跳级只是一个形式，根本上来说，她为学习付出的时间和烦恼要比同龄的孩子少。我认为个性化教育是对自己孩子最大的责任。

关于父母做了好事不留名，我更不敢苟同了。这是传统的中国父母的对待孩子的方式，以至于像我这样敏感的孩子从小就觉得父母不够爱我们，要到了为人父母时才能过晚地体会父母的苦心。孩子对父母也是一样的，我一直都告诉学生们去明确地向父母表达你的感激和爱。人类有语言是为了干什么的？如果爱，就让他知道。那种认为藏在心里才能够厚重发酵的做法只是个人的性格问题，不值得提倡。

参加过一个父母培训班，当时收获了一点让我感触颇深。就是中国的父母都会对孩子说你要自己努力，出了什么意外你要自己负责任，其实真出了意外父母会不遗余力地去为孩子处理。这些内幕只有孩子做了父母后才能体会，在他知道之前的这段岁月，他一边要承受对那个年龄来说相对较大的压力，一边在心里埋下对父母小小的埋怨。所以现代的心理学提倡父母要告诉孩子我爱你，不管发生什么事我都会帮你。这样孩子内心才会有阳光，不管我的父母从事什么职业，有多大能力，不管发生什么事，有人始终跟我在一起。

我们自己也可以设想一下，如果世界上有这么一个人永远站在你的身后，也许只是扶你一把，安慰一下，那样的心灵该是如何的安详慰藉，充满感恩。当然关于父母对孩子表达支持的这个观点，也要具体情况分别对待，对懂事的孩子，尤其女孩子可以这样。如果一个孩子一直被教育得认为父母为他做任何事都理所应当，或者特别软弱，什么都要依靠父母，那父母就得用适合自己孩子的方式了。

乖乖的跳级只是因为我们全家统一了一个观点，不让孩子浪费时间和精力在随波逐流的无用功上。我们希望孩子简单快乐，有个她自己认为幸福的生活就够了。她对待各科的学习游刃有余，不用在任何一个假期奔波于各种学习班之间，可以自由选择自己的喜好，周末爬山，假期旅游，这对一个女孩来说比用过于远大的目标来压迫她要轻松得多。有些人可能会认为我们家长出于虚荣心让孩子过早承受压力，其实让她早点脱离这个应试教育的体制，去自己喜欢的大学选择自己喜欢的专业，参加各种团体，这才是青春年少时应该做的。

孩子走什么路，可以适当找人指点，但不需要别人指指点点。自己孩子的优缺点妈妈最清楚，在尊重孩子意愿的前提下，找最适合他的路去走吧。

艺术范儿的美女

非常遗憾的是乖乖没有艺术细胞，对唱歌、跳舞都不热衷，这也使我有时不得不承认天赋是非常重要的。

我自己喜爱唱歌，从小就唱歌、跳舞、朗诵、主持节目，乐此不疲。自从怀孕更是定时给她唱歌、放音乐，出生后也是哼着儿歌哄她入睡，玩具也是处心积虑地挑了些培养兴趣的小乐器。无论从遗传基因还是环境熏陶应该都没有差错，可她确实没有显示出对文艺的特殊喜好。我只好把这个归结到她五音不全的老爹身上，要不原因在哪儿呢？

关于对文艺爱好的选择，我们走了两个截然不同的道路，我至今也不知道哪个更好。

四岁时她开始接触钢琴，是因为表姐弹琴，她去姨妈家玩时偶尔也玩玩。我等她感兴趣时问她是否想学，她点头肯定，我们就在钢琴中心找了老师。学了三个月后，我问她是否真的喜欢钢琴，是否需要买一个，如果买了她是否能坚持，等等。在得到她肯定回答后我们买了钢琴，但是我过高估计了一个五岁女孩儿的承诺。

相信每个琴童的家长都有过和我一样痛苦的经历，如果不是非常热爱音乐的孩子，很难在枯燥的学习中坚持下来，即使像郎朗那么有音乐天赋的孩子不也有在逼迫下才坚持下来的经历吗。我后来常常总结，孩子学琴就是考验家长的意志，大多数时候是家长先放弃了，而我们也不例外。

下面是当时的日记，记下了那一段日子犹豫徘徊，纠结不已的心情：

2011年5月

乖乖九岁升初中前考过的钢琴七级，已经快两年了，十级的考试却一推再推，从去年寒假一直推到现在。原因是她不想再动钢琴了。有几次我对她说：你自己决定，如果想放弃，就放弃吧。她不想放弃，可是眼高手低，也不想练琴。我说多了，她就敏锐地说：其实你这是在逼我！于是昨晚我对她说：不用弄得自己这么痛苦，不愿意练就不练，放弃就是了。她想了想，同意了。

可是冷静想想我又后悔了。我一直认为自己教育孩子颇有心得，其实在不知不觉中带给她一些负面的影响。因为自己是个感性的人，抱着及时行乐的生活态度，言谈举止中就不免影响孩子。乖乖的懒散、不求上进、得过且过、随遇而安都是我潜移默化的影响。平常生活中不能因为学习耽误玩的思想主导了整个家庭计划。像是练琴，如果我坚持督促她，可能就让她养成迎着困难上、克服困难、解决问题的习惯，我有一搭无一搭的纵容，就让她感觉自己的快乐心情更重要，而这本该是老人奋斗过后颐养天年时才有的心境；对她的学习也是这样，以她的智力可以在班里名列前茅，然而看到她在七八名间逛荡，我也没有让她多在学习上花费时间，可惜了她过目不忘的记忆力。

2011年9月

乖乖钢琴十级考试通过了。

但是，说实话，对她来说，这是个失败的钢琴学习，典型的应试教育。

在她后来不喜欢弹琴的时候，我把钢琴考级上升到了她对自己惰性挑战的高度，使她一度非常痛恨弹琴，考级后也不愿再动钢琴。

但是任何事情都有两面性，这样克制着自己的情绪去完成一个目标，也确实是对自己的一次挑战。就像绝大多数的人不喜欢高考前的疯狂复习，可是经过"黑色六月"洗礼的中国学生，在国外再艰苦的学习也能游刃有余地渡过，不得不说是受益于此。

弹琴的最终目的是陶醉在音乐中，抒发自己的感情。乖乖现在还体会不到，我得想办法将她慢慢引导回来，六年的学琴经历就这样废弃也实在可惜。

考级结束后乖乖很少再动钢琴，所以我认为对她的钢琴教育很失败。

要说乖乖不喜欢艺术也不对，她从小很喜欢画画，幼儿园时也去学了一段时间的国画、油画，但是都没坚持下来。她稍微大一些时我们娘俩讨论了一下这个问题。

"如果你愿意学画画的话，咱们就去参加个辅导班，你将来愿意走这条路妈妈也支持。"

"呃，算了吧，别像钢琴似的，我小时候也很喜欢钢琴，现在连动都不想动，还是让我保持现状当个小小的爱好吧，别再重蹈钢琴的覆辙了。"

这个问题就这样放下了，现在偶尔她也会随手画画，我想她还是算不上爱好，只是稍感兴趣罢了。去美国读博士后，疫情期间她在家里做了许多描画或者泥塑之类的小摆件，倒是让业余生活充满了情趣。

我个人是认为女孩子如果有条件一定要学舞蹈。乖乖从幼儿园开始学舞蹈基本功，有两年的时间，但是她骨头很硬，又没有乐感，不是跳舞的料，我们只当让这个胖胖的小妞去锻炼身体。上学后我还是觉得遗憾，在女孩子长身体的时候不让她学舞蹈培养一下美丽的形体实在太可惜。一跟她说，她自己倒也很明白这个理儿，我们就给她报了个周末拉丁舞学习班，只上了一个学期，后来教室搬家离我们太远了就放弃了。不过这短短的半年也是有效的，我犹记得那年暑假带她去青岛姨妈家，姨妈看她在前面挺胸压肩地走路惊讶地说："乖乖变化这么大，走路还挺得很直呢！"大家都习惯了她小时候圆滚滚的样子。

可惜没有坚持下去，否则她现在的气质应该能更好一些，学舞蹈的女孩子不由自主地摆出最佳的形体状态，确实是鹤立鸡群，很给形象加分。

书法也是幼儿园就去启蒙了，她当时的作品还上报了，上学停了以后就再也没捡起来，因为家里外公外婆都练书法，我自己偶尔也心血来潮地划拉几下，倒没把这个当回事。但现在看来为什么英语老师送自己的孩子去上英语辅导班，钢琴老师不教自己的孩子弹钢琴，实在是家长没有足够的意志把家庭生活规律成课堂，这个角色转变是不容易的。女孩子练书法也修身养性，是很好的一件事，我到现在也常告诫乖乖没事对着字帖练练硬笔也好啊，且不说是脸面，功利一点说，好字在考试时还增加卷面分呢，我这常年批卷子的老师对此深有感触啊。

乖乖在幼儿园时也参加过一个围棋班，半学期后她表示不感兴趣就放弃了。

就这样，我了解了一个事实，琴棋书画，我的宝贝女儿哪一样也不行，她没有这方面的天赋和兴趣爱好，我也只好遗憾地望洋兴叹了。只是还时时给她推荐一下我认为非常好听的英文歌，算是既练听力又享受音乐，一举两得，看她高中后喜欢上了听英文歌，我也小小地欣慰了一下。

但是如果你家宝贝女儿有文艺这方面的天赋，千万不要荒废了，耐心地培养她的兴趣，让她从小受艺术熏陶，气质自然会与众不同。当然如果你女儿跟乖乖一样是个在这方面天资平平的孩子，自己又没有强烈的学习要求，就不要逼她做了，让她沉浸在自己感兴趣的事物里应该是父母对她最大的宠爱了。

当然对男孩子来说也是同样的，有艺术气质的男孩子会给自己的形象加分的，很多"丑男"歌星在台上唱歌、弹吉他的风姿也确实令人沉醉。很多小伙子就是因为会"吹拉弹唱"而俘获了众多姑娘的芳心。世故一点说，孩子将来的就业还可以多一条路。

可爱——可怜而没人爱吗

我有个学生毕业很多年了，有次深夜她在网上给我留言，很悲哀地说："我现在很可爱，可怜而没人爱。"

这个学生我印象是比较深刻的，她学习比较主动，下课喜欢找我聊天。有一次她到办公室找我，我正在批卷子，因为成绩急着提交，我就有些赶。但我那时还是个生活经验不充足的年轻老师，给她解释了看她没反应，也不好意思直接拒绝她，只好耐下心来听她给我倾诉。她说生活很郁闷，六个人的宿舍，其他五个人都嫉妒她，根本没法跟她们继续同住，等等。

等她诉说完，我客观地说：如果其他五个人都跟你合不来，你是不是该找一下自己的原因呢？

说实话，我对她没有任何成见，对我来说这是很自然的想法，我从小受的就是这种教育，有问题先从自身找原因，我也是这样教育自己的女儿的。

但她显然是不能接受的,她立刻放弃这个话题,尖锐地对我说:"老师我以前说过喜欢听你讲课,但是你要知道我们学校有好多讲课很好的老师。一个真正讲得好的老师是不会突然停下来去看教案的。"

当时年轻的我闻言一愣,顿时面红耳赤的。

这件事要从两个方面去看:

从我的角度看,我那时没有教学经验,凭着一腔热情和对教学工作的热爱,又得到不少同学的肯定,我大概不免有些自满。她提出的我由于不熟悉教学内容而中断讲课看教案的行为确实不是一个成熟老到的教师所做的。我从那以后也更加谨慎,严格要求自己,多向有经验的老教师学习,将教授的内容反复咀嚼,烂熟于心,永远不要翘尾巴,告诫自己前面还有很大的努力空间,我不能懈怠。尽管她的话让当时年轻的我有些无地自容,但无疑给我敲响了警钟,使我能够静下心来时时自问自己做的还有哪些不足。

从她的角度看,她不能接受别人毫无恶意的中肯的批评,稍不如意,立刻奋起反击,这也是她不能与同宿舍姐妹和谐共处的原因。如果她的性格始终没变,想来在工作单位的人缘也好不到哪里去。最可悲的是,她不知道自己可怜而没人爱的原因。

关于能否平和地去接受别人善意的批评,我恰巧亲身经历了两个反应截然不同的例子。同样是在游泳池外面的淋浴间洗澡,洗完后忘记关淋浴头。在中国是旁边的女孩子闪到一边搓澡,淋浴头里的水哗哗地流,我小声笑着礼貌地提醒她:"把水关了好吧，太浪费了。"她用莫名其妙的眼光看我，大概觉得我多管闲事，之后过来不情不愿地关上，还不忘又奉上一记白眼；在英国是我旁边的一个老年妇女问："是谁洗后没关好淋浴啊？"一个中年女子省悟，赶紧一边说对不起一边跑去关上，回来又对那人说："谢谢你提醒我啊。主要是我们家淋浴是自动关闭的，我就意识不到了，又有三个孩子，你知道那是很……"她俩和善地就孩子和家务攀谈起来。

这两件小事让我思索良久，能否接受别人的批评及善于自我批评真的是女孩子走向平和善良的必经之路。

我们不去说那些倾国倾城或无盐之貌的极端个例，一般女孩子成长的过程中应该都或多或少地遇到过追求、好感或倾心。别说现在美容手术这么发达，即使是长相平凡的女孩子，只要会打扮，也会别具风情。

如果长相普通但天资聪颖，再加上后天努力，这样的女孩子应该更吸引人，像桐华《那些回不去的年少时光》里的女主角罗琦琦。虽然那是一本我们家长可以定义为描写"早恋"的书，但是罗琦琦通过勤奋努力考上清华的结局也符合家长心中的"成功"概念。我在乖乖高一暑假来英国时推荐给她看了，并且告诉她我的一点感想：罗琦琦是个普通的女孩儿，但为什么她能得到两个男孩子无怨无悔的钟爱，就是因为她有个奋斗目标，比别人在功课上付出了更多的努力。

现实生活中，如果长相普通，智力一般，即使努力也始终是一个平常的人，这样的情况还是大多数。

美貌、聪明，都不能自己选择，但是可以选择有高尚的品德和人格魅力。像是善良、大度、开朗、温和、彬彬有礼，这些美好的品格都可以自己培养。

　　中国历史上著名的四大丑女之首的嫫母，就是一个面貌丑陋的女人，陌生人一看见她会吓得转身就跑。她从小就饱受世人的欺侮，父母嫌弃她，邻居厌恶她，姐妹们躲避她，可是她善良勤俭，通晓事理，待人以诚，助人为乐，人们渐渐地喜爱她，接纳她了。有一次黄帝巡视，看见一群村女在采桑。忽然一个村女的手被赤链蛇咬了，众女慌作一团，不知如何是好。这时一个容貌极丑的姑娘喝住众女，只见她迅速指派二人去取清水，又讲出几种草药，让众女四下去采。接着，她从从容地为中毒女孩子救治。黄帝见状颇为惊奇，之后又暗暗观察这丑女，发现她不但见义勇为而且品德贤淑，性情温柔，遂娶她作为自己第四位妻室，令她管理后宫所有的嫔妃，嫫母居然胜任。《吕氏春秋·遇合篇》中记载，嫫母与黄帝感情深厚，曾假借黄帝的话教训那些长相自卑的女人说：不能忘记磨砺你们的道德；不能衰退你们内心的纯正。这样做了，长得丑又能伤害谁！

　　也恰如简·爱的话：你以为我贫穷、相貌平平就没有感情吗？我向你起誓，如果上帝赐予我财富和美貌，我会让你难于离开我，就像我现在难于离开你一样。可是上帝没有这样安排。但我们的精神是平等的。就如同你我走过坟墓，平等地站在上帝面前。

　　每个女孩子都有心中美丽的爱情梦想，也都可以得到梦寐以求的宠爱与尊敬，这些都掌握在自己手中。

　　如果没有美貌，你可以勤奋；如果没有智慧，你可以培养优雅的姿态；如果没有才气，你可以让自己善良美好。温柔的卡米拉连王子都征服了，你还不相信自己精神充盈就能得到想拥有的爱吗？

就如我在自己的另一本书《女人的魅力圣经》里写到的：年轻的时候就是女孩子积累资本的时候，专业知识、传统文化、各种特长，甚至是如何理财，如何提高生活质量，如何培养自己有高贵的心、高雅的仪态，这都需要日积月累的内外兼修，没有任何捷径可以一蹴而就。你优秀了，自然价值就高了，你就会得到优秀的男孩子的青睐。

如果一个女孩子从小到大都没人爱，做妈妈的就该反思一下自己是否胜任了妈妈的职责。

女孩子的必修课——装扮

去西班牙的马德里旅行时看见当地的孩子穿着熟悉的运动装校服，这是我第一次在欧洲国家看到与我们国家一样"难看"的校服，跟英法等其他欧洲国家精神漂亮的校服截然不同，舒服固然是舒服了，人看上去特别没精神。

记得前些年看新闻报道说某中学定制的新校服遭到家长的批评抵制，原因居然是因为孩子穿上后太漂亮了，怕转移注意力影响学习。

全世界大概只有很少的父母有像中国父母这样的概念，孩子就该一门心思学习，注意打扮就会影响学习。这种理论是多么可怕啊，让人联想起我们父母那一辈满街的黑灰蓝，稍微打扮一下就被人评头论足，白眼相向。

爱美本是人的天性，我们为何硬要扼杀它，现在都是二十一世纪了啊。

乖乖初中、高中的两所学校都要求必须穿校服，孩子个子蹿得快，学期初订的校服，学期中裤脚就高高吊在腿肚上像九分裤了，下学期订大一个号，上身又过于肥大，以至于我一想起乖乖的形象就是个穿着晃荡肥大的白上衣、吊脚的蓝裤子，很懒怠的样子。

我们做女人的都知道，衣服是会影响人的精气神的，穿上小礼服、高跟鞋的神清气爽与穿着松垮毛衣去菜市场的感觉是截然不同的。穿上那种肥大的校服，自己都觉得可以松松垮垮地走路，甚至可以像个男生一样摇晃着走，更别提什么挺胸收腹、压肩提臀了。长此以往，女孩子怎么可能培养出良好的气质。

到英国伊顿公学去参观，校园里行色匆匆的都是西装、领带打扮得精神抖擞的男孩子，放眼望去全是帅哥，那种骨子里就把自己当作精英的精神劲儿让人根本就忽略了他们本身长得什么样，以漂亮得体的服装为外在形式体现出来的气场给了他们足够的自信。难怪同行的年轻女孩子都惊呼："天啊，怎么个个都这么帅啊。"我们老祖宗早就总结了："人靠衣装，佛靠金装。"我们当然没必要不顾家庭条件硬让孩子追求昂贵的服饰，但也不用走到另一个极端让孩子尽情懒怠吧。

大城市的"黄金剩女"们越来越多，什么"圣斗士""齐天大圣""灭绝师太"的戏称不绝于耳。我就经常听到别人对我说："你颠覆了我们对女博士的想象。"好像女博士个个就是呆板邋遢的形象，戴着厚眼镜不通世事，只知道在实验室里面对瓶瓶罐罐。

其实这并不能全部责怪世人的偏见。好多妈妈都后悔当时紧着在女儿耳边唠叨：要好好学习，不能分心，不能早恋。等到女儿三十多岁，连"晚恋"都免了，妈妈们又开始唠叨她们的终身大事。我们都不希望这一幕出现在我们自己家里吧。

所以妈妈们要长远地去看女儿的一生，不仅帮助她形成好的性格，还要指导她形成好的生活习惯。豆蔻年华能漂亮的就让她漂亮就是了，只要不是浓妆艳抹不符合自己的年龄，那些清新可爱的装扮过了十几岁的年龄也就再也不会那么赏心悦目了。

最美的年华也是她生活的一部分，我们不要扼杀她们爱美的天性，我们需要做的是让她们如何扬长避短去打扮出自己最好的状态。打扮漂亮又学习出色的女孩子越来越多，天天不修边幅学习也不好的女孩子也比比皆是，让我们的女儿们尽情享受她们应该有的美丽的华年吧。

早恋不是洪水猛兽，悄悄话要告诉你最好的朋友——妈妈

歌德说得一点都不错，"哪个少男不钟情，哪个少女不怀春？"正常的少男少女都会有情窦初开的心动时刻，你我也都是这么走过来的。在青葱的岁月里，那些甜蜜的小心思使我们在懵懂无知时初尝青涩的幸福味道，无关任何的外在条件，只是发自内心地，就这么不知不觉没有理由地心动了。在我们成人之后再也不会有如此纯粹的情感了，这只是人的本性，美丽的本性，我们凭什么把自己也品尝过的美好定义成洪水猛兽去

对待，让孩子感觉自己犯了十恶不赦的大错呢？恋爱无所谓早晚，只要于孩子身心无碍，何必人为地挂上一个"早恋"的贬义标签呢。

很多妈妈会说，你这是站着说话不嫌腰痛，孩子早恋了，学习成绩下降了，考不上大学了，从此沦落成街痞了，怎么办？！甚至更严重一点，女孩子怀孕了，怎么办？！

且不说考不上大学是否就不会成功，这个话题我们另章专论，单只说孩子早恋的后果，不见得一定是学习成绩下降啊，现实生活中这样的例子不胜枚举。我们先看一些新闻报道再继续讨论这个话题。

凤凰网2013年8月30日报道：

南师附中有这样一对早恋情侣，多年前，女生考入多伦多大学，男生拼命学习，跨洋追随考入该校。接着，女生又考上美国哥伦比亚大学读研，男生再次追随考取纽约大学。如今，他们又都进入了联合国实习。昨天，男生在微博上征集祝福，要给她一个难忘的求婚仪式。

严毅和习玥是南师附中2006届高三5班的同学。"高一时我们不在一个班，高二分班时，我们都选择了历史、政治，成了同班同学。"虽然在同一个班级，但习玥的性格比较内向，两人并没有过多的交流，直到2005年1月，一场英语舞台剧，让两人有了交集。"剧名叫《小美人鱼》，我演小美人鱼，他演小王子。"回忆起8年前的事，习玥笑得很甜。"排练了两个礼拜，互相就产生好感啦。"当被问及是谁追的谁，两人都笑了。"就是一见钟情，那个年纪，喜欢一个人，没那么多为什么的"，严毅说。不过，美人鱼和王子的爱情，并不被同学看好。"我们当时一堆人打赌，我赌他们在一起一周时间"，昨天下午，在南师附中校园里，严毅和习玥的同班同学小张说，"那个年纪，不都是闹着玩的嘛。"除了同学，老师和家长也并不认可。"其实学校的老师还是比较开明的，大多睁一只眼闭一只眼。"班主任余老师曾经找习玥谈过话。"她说，以后的事情以后再说，含蓄地表达了希望我把更多精力花在学习上。"另外，习玥的父母，也不同意这段"早恋"。"我当时成绩比他好，父母还是担心影响学习。"

中午一起吃饭，放学一起回家，有一点空闲，两人就一起看个电影……这样温馨而美好的日子一直持续到高中毕业。

高中毕业，习玥按照自己的规划，去了加拿大多伦多大学，而严毅因为成绩原因还在犹豫是在国内读书还是出国，最终，他还是选择去加拿大圭尔夫大学读预科。"除了考虑到自己未来的发展，更多的是希望能陪在她身边。"于是，习玥读大一的这一年，两人相距近200公里，不过每周，他们都会有一人，奔赴对方那里，度过一个美好的周末。一年后，严毅也考取多伦多大学，两人如愿以偿在一个学校了。2010年，习玥毕业，考取美国哥伦比亚大学，攻读社工专业硕士，而严毅还在读大四，两人又开始了新一轮的异地恋。"这次距离1000多公里，他开车来，或者我坐大巴去，都要8个小时。"不过，两人依然约定每周末相见。一年后，严毅也考取了纽约大学，再次追随习玥来到美国。一次又一次的追随，深深感动了习玥，2011年，习玥休学一年，在银行工作。"她就是为了等我，和我一起毕业。"

如今，严毅和习玥都在联合国实习。"明年4月毕业后，我们会暂时先留在那里。"除了学业和事业的顺利发展，两人的爱情之花也结了果，2012年7月28日，两人趁着暑假，回南京把结婚证给领了。毕竟是女孩子，虽然领了证，习玥还是希望能拥有一场浪漫的求婚。今年暑假，两人又回到南京，严毅想给习玥一个惊喜，便找到了江苏综艺频道《一转成双》栏目组，希望能在电视机前，给习玥一个浪漫的求婚。

中国新闻网2013年7月26日报道：

昨日，一对被网友封为"学霸情侣"的年轻人成为焦点，也令人相信爱情事业双丰收其实不是梦。天津新华中学男生董宇阳、长沙雅礼中学女生孙维维分别获得国际化学奥赛的世界第一和第二，同时在网上大方秀恩爱。女生说："最开心的不是得到了什么牌子什么名次，而是和你并肩站在了最后的领奖台上，一起接受了来自不同国家孩子们的祝福。"

对于早恋，一些态度较为开明的家长都会默许，一些教育学家也认同早恋对于培养人际交往能力和独立能力的积极作用，不过对于存在早恋倾向的青少年，他们还是提出以下忠告：要提高自我保护意识，尽量不使早恋行为影响到正常的学业，重要的是，不能让早恋给自己的身心带来伤害。

面对早恋，选择更有意义、更有利于孩子成长的态度，是值得我们做妈妈的思考的问题。

关于孩子早恋的问题，我认为妈妈应该做好下面几个方面：

一、防范

我们不打击孩子发自天性的爱慕，但也不提倡早恋。在孩子还小的时候可以就电影、电视情节在家里讨论，一般情况下早恋中把握不住的都是女孩子，因为早恋而放弃学习，因为学习下滑而放弃前途从而影响一生的例子现实生活中非常多。妈妈不要用激烈的态度鄙夷，那样容易激起孩子的逆反心理，可以就事论事客观地评述一下，表达一下自己的观点：那个女孩子当时如果怎么怎么样就好了。让孩子先有自我保护的意识，先有即使早恋也绝不能影响自己一生的发展这样的思想基调。

但妈妈们谨记不要提前就慌里慌张地叮嘱："你可不能早恋啊！不能跟男生单独在一起。"不能这不能那，我们说的时候大概忘记了我们青春年少时跟异性在一起的简单快乐的心情。甚至有些妈妈还有鬼鬼祟祟地偷看孩子日记、短信，查通话记录，跟踪，四处打听之类的可笑举动，不仅徒增别人茶余饭后的笑料，还会让孩子受辱从而逆反，并导致母女感情恶化。

抱着顺其自然的态度，走一步说一步，孩子真出现早恋现象了我们再根据具体情况具体对待。

二、呵护

当得知孩子对异性有了爱慕之心时，妈妈不要大惊小怪，这个时候你首先要让他明白一点的是：妈妈永远是那个最爱你的人，不管发生什么事，妈妈会站在你身后。

我们都是从青春年少过来的，都知道有些心动只是短暂模糊的，也许在他自己尚未明确定义前就转瞬即逝了。这时家长的过多干预反而会助长他本来还迷茫的感情，让他容易在对抗中产生我可以为爱情抛弃一切的年轻人特有的热血沸腾。

有一次跟乖乖讨论金庸小说中的女孩子她最喜欢哪个，她想了想说："郭襄吧，看到她目送杨过长啸一声离去的时候，我胸口像被猛击了一下。"

我敏感地意识到我的乖乖对哪个男孩子动心了。但是她没有任何异常的举动，没有突然爱美，也没有成绩起伏，还是那么没心没肺的。过了几天我问她情况，她承认了，说："妈妈，但是我知道这是不可能的，谁知道将来会怎么样。"我说："每个女孩子在这个年龄段都会有这样的情感，当年我也有过，喜欢过隔壁理科班的一个男孩子，当时我的好朋友给我说，过不了两周你就会忘掉的。当然没有那么快，但是过一段时间我再回头想想，很奇怪自己当时怎么会对那个男孩动心，他一点都不是我喜欢的类型。我感觉你也差不多，没什么大不了的，过一段时间就忘了。"也许是我给了她先入为主的观念，也许是青春期的女孩子的感情都是那么多变，以后问过她几次，都非常淡然了，我能感觉到她真的放下了，我告诉她："将来你还会遇到心动的男孩子，但是如果你喜欢他他不喜欢你怎么办？所以你现在要用各种知识和文化充实自己，让自己的层次高一些，等遇到好的男孩子的时候让他也能喜欢上你。你们现在成长的阶段，就是不断充实美化自己的阶段，加油啊，妈妈等着看你将来的男朋友有多优秀呢！"

当时虽是半开玩笑，但心里确实是这么想的。

后来事实上，乖乖也算是"早恋"了。她十七岁时与男友康康确定了恋爱关系，很多朋友问我怎么让孩子这么小就恋爱，我说这不是我让不让的问题，爱情来了，他们就自然而然地恋爱了，何况那时她已经上大三，有足够成熟的心智，我为什么要去干涉孩子的幸福呢。

在我们周围，大部分情况是家长发现知晓的时候，两个孩子已经深深相爱了。这个时候就平静接受现实吧，不要打骂，孩子发自内心的真情不是错误，妈妈要做的是引导。

首先保证自己的女儿身体的安全，告诉她如何辨别那个男孩子是否是真心对待她。在她身体还没有发育成熟前，过早的性生活会影响她的正常发育，甚至影响以后的生育，如果那个男孩子真的爱她、尊重她，就不会强求她早食禁果。女孩子更要自爱，自己不珍惜自己的话，那个男孩子也不会多珍惜她。如果怀孕导致健康、名声受损并从此破罐子破摔的话，那个男孩子有很大的可能与她分道扬镳，这对她一生的幸福都是无法抹杀的阴影。

男孩子则要早点告知他学会负责任，不能过早品尝禁果，一旦发生不可收拾的事情，不仅对不起女孩子，对还没有完全成熟的男孩子来说也是一种压力，会对性格和处世态度造成一些不良的影响。

其次，要学会辨别对方的性格，如果是那种动不动写血书、以死相逼的男孩子，性格都是扭曲不正常的，一定要保护好自己的女儿，让她多接受此类悲惨事件的经验教训，不要因为一时情迷导致终生悔恨。

还有女孩子不能沉迷于有张英俊脸庞的"爱情贩子"，他们以女朋友的数量来标榜炫耀自己，将女孩子的真心弃之如敝履，女孩子面对这样的人受伤最重。这就需要家长防微杜渐，不让孩子接触社会上的不良少年，必要时一边讲清道理，一边下决心与学校联合，接送孩子上下学，及时掌握女儿的动向，态度要温和但坚决，道理要讲清楚，不要让自己的宝贝女儿成为别人情感游戏里的牺牲品。

当年《窗外》那么流行，我们都为之如痴如醉，认为那是真实的情感。现在我作为一个老师完全有理由说，如果一个女学生爱上老师那无可厚非，那是她的阅历和理智所无法把握的。但是如果一个老师爱上一个高中生甚至初中生，这绝对是个没有师德的好老师。他的年龄和阅历足以把握自己的理智了，如果还放纵自己与女学生恋爱，那就不仅是职业道德的问题，人品也好不到哪里去。如果真的无法自拔地爱上了一个学生，真心对待她为她好的话，可以悉心引导她转移情感好好学习，许下承诺等她上了大学、成人后再决定两人的感情。如果一个老师跟在校的女中学生有任何感情纠葛，我都认为他没有被原谅的理由。

男孩子则要防备那些贪慕虚荣的女孩子，妈妈要提前打预防针告诉孩子如何辨别什么是真正的感情，对那些以要弄男孩子为乐的女孩子一定要避而远之，不要让孩子承受这个年龄还不能承受的打击与屈辱。

最后，让孩子学会负责任。对自己的生活、学习负责，为对方的生活、学习负责。如果情投意合，在一起学习能提高效率，那么让他们做出保证，可以以学习成绩来证明他们的爱是否能相互负责，将青春躁动的满腔热血化成鼓励彼此上进的无限动力，这是最佳的结果。

我们做妈妈的当然希望孩子一帆风顺地完成学业，但是现实生活中发生的各种感情不是我们一厢情愿能避免的。也不用对早恋视如猛虎，不见一般早恋的孩子情商都比较高吗？何况现在还有那么多当年在父母要求下一门心思学习，终于高学历、高收入了却高处不胜寒的大批"剩女"们在警示着我们做父母的。

　　妈妈的态度和言行直接影响孩子的情感决定，所以务必要冷静，具体情况具体对待，不要用过激的行为把自己的宝贝女儿推出家门，推向那个也许她根本都不爱的还无法对她负责的男孩子。时刻记得，我们才是最应该负责的那个人。

自然而然的性教育

　　闺蜜给我讲过她青春期经历的事情，至今想来很忧伤：

　　她妈妈在她很小的时候就去世了，那时的生理卫生课不普及，也没有人给她讲生理卫生的基础知识。十几岁初潮时她吓坏了，以为自己要死了。

　　这个场景，我一想到就会很心疼，能体会她那种茫然的恐慌。

　　我比较幸运的是我自己初潮前身边最好的一个朋友先经历了，她妈妈是个演员，在当时的社会是比较开明的，给她讲了月经的基础知识，她同时普及给了我。我现在还能回忆起妈妈告诉我不要害怕时，我因为早已洞悉秘密的洋洋得意和故作坦然。

　　另一个同事有傲人的胸部曲线，但她走路一直驼背含胸，她苦恼地告诉我这都是因为发育期时她的胸部太大，在那个年代这是很丢人的事，她只好时时含胸以不引起别人注意，结果形成了习惯改不掉了。

　　当然上面的这些老皇历对现在的女孩子来说已经是天方夜谭了，也只有我们这些已经做了妈妈的人才能领会。

有次到朋友家做客，她正好是经期，偷偷摸摸地从卧室里拿了卫生巾去厕所，回来给我解释："女儿还小，才八岁，不能让她看见。"

无独有偶，不久到另一个有同龄女儿的朋友家玩，她的卫生巾堂而皇之地放在卫生间，问及不用避讳女儿吗，她坦然说：她早晚要接触的，让她自然接受最好。

这两个妈妈的态度你倾向于哪一种？

我对乖乖采取的是后一种方式。她大概三四岁的时候第一次无意中撞到我换卫生巾，我感觉她是害怕紧张的，以为妈妈得病了。我用很轻松的语气告诉她这只是子宫内膜脱落，很正常。然后我从网络上把基本知识资料调出来让她看，当然，上面都是些专业名词，以她的阅历根本不懂，我也不指望她能全部懂得，我只是通过这些严肃认真的科学名词给她一种态度，这是人体的自然现象，这是正常的，没有什么好大惊小怪的。她如我所愿地平静接受了，做到对这件事熟视无睹了。因为乖乖比同班同学小三到四岁，她的同学都发育了她还没有动静，自己偶尔也会小小地担心一下。高一时有一天她平静地对我说："妈妈我来月经了。"我们俩都很高兴，我给她讲了一番注意事项，因为我少女时期有痛经的症状，非常痛苦，所以特别叮嘱她不要着凉淋雨等。

在她很小的时候，如每个孩子都会问的问题一样，她问我她是怎么来的，我把书找出来，从最科学客观的角度给她讲了一下，她一样似懂非懂，但是不再问了。在她八九岁时我在每次非正式的谈话聊天中逐渐给她灌输了这样的概念：性爱是一件很自然的事情，像吃饭一样是人的本性，我们国家几千年来把它神秘化了，其实没必要当作什么见不得人的事，因为每个人都会经历。性爱也是很美好的事情，但是它需要在人体发育成熟的基础上，否则就会给身心带来不可避免的伤害。妈妈希望她将来找到自己的爱人后好好享受这种人的本性。女孩子要自重自爱，并学会自我保护，如果一个人不珍惜自己，那么别人也不会珍惜她。

对女孩子不可避免要遇到的性骚扰，告诫孩子首先要做到防患于未然，尽量不让自己处于有可能被欺负的环境。其次态度要坚决，平常的礼让都要置之脑后，要泼辣一些，不能给坏人以软弱可欺的印象。一旦遇到此类事，无论发生在什么场合，无论是什么原因引起的，一定要告诉妈妈，以避免更多的危险。妈妈不会批评她不小心，也不会埋怨唠叨，不管发生什么事，妈妈是最爱她的那个人，会倾尽全力保护她，并与她一起总结经验以更好地自我保护。

关于何时能够有性体验，这是个不能规划的问题，妈妈也不可能一厢情愿地去制定一个年龄标准，而且现实生活中比比皆是的例子也证明防不胜防。只有让女儿知道如果身体尚未发育成熟就过早品尝禁果的话，不仅对身体有伤害，在还没有足够的生活阅历和成熟的爱情观时，盲目冲动的性爱还有可能对今后的性生活造成不必要的心理压力和精神负担。

现代中国这个社会是处于道德标准全面坍塌又正在重新树立的断层时期，婚前性行为已经被大众接受，要求女儿像我们那一代人一样婚前守身如玉基本等同于神话了。我们只能告诉她们要身心合一，遇到真正相爱的人，情到深处了再品尝这份上天的恩赐。不要主动献身，不要追求一夜情，那样徒遭人瞧不起，伤害的最终都是自己。

女孩子不要理所当然地拿青春美貌去换取物质享受，一般人的生活都会有一定的发展规律，年轻时打拼吃苦都是将来幸福的资本。以色侍人丢失的不仅是现在的自尊，还有将来的幸福。年轻的女孩子现在看不长远，斤斤计较于当下的锦衣玉食，岂不知人的一生最终追求的还是精神层面的幸福快乐。推荐妈妈和女儿们都看看亦舒的《喜宝》，这是一部发人深省的小说。喜宝说：我想要许多许多爱，不然许多许多钱也行，如果都没有，有健康也是好的。当她最终靠出卖自己轻易换得了这些，她才恍悟精神的空虚是多大的财富也弥补不了的。

从小妈妈就给女儿树立正确的生活爱情观，才能让她真正体会到生活的幸福是掌握在自己手中。

如何培养孩子正确的恋爱观

同事在她博客里写了篇博文：

那天和一个大二的小姑娘聊天，她的恋爱观让我有点震惊。

小姑娘个子高高的，清秀，聪明，还善解人意。不但我这么看她，她说自己周围的很多人也这么说。但唯独在她曾经的男友那儿，她一点自信也找不到。

曾经谈过的男友是她的高中同学，是智商很高、学习成绩很好的那类男孩，她一直仰慕他。高考时，女孩发挥正常，男孩虎落平阳，两人来到了同一所大学。女孩的热情追求感动了男孩，两个人谈了大半年的恋爱。最后，分手了，男孩提出的理由是女孩不够聪明，不够上进。

"人家很多人都说我挺聪明的。他就是说我笨。结果我在他跟前，就真的笨手笨脚的，有时连脑子也不转弯。"

"一想到他那么优秀，我是被他抛弃的，就伤心。"

我劝她："优秀的人多了，跟自己没有缘分就彻底心安吧；站在远处欣赏他，就像看一个过客，一处风景；何况，这个男孩也不见得就是那么优秀；学习好也不见得能力强，不见得情商高。"

她反驳："成绩好就是一种能力，一种很高的能力。"

我继续劝："能力高又能怎么样？他不懂得欣赏你，不懂得疼爱你，不懂得为你考虑，这样的恋爱，你谈得不累么？这样的追求，有意思么？你是女孩，应该被男孩关怀疼爱的。"

她继续回忆并憧憬："跟一个那么优秀的人在一起，他的一说一笑，一举一动，我心里都觉得特别陶醉。优秀就是让人佩服。"

她说："老师，我很认真的。但是我跟我爸妈说的时候，他们根本就不愿意听，觉得我在玩。"

她还说，有的男孩子在初中、高中、大学时都在谈恋爱，找的都是校园里最出众的女生。我问，假若你是其中的一个女孩，眼看着他不断追求新的女友，心里会怎么想？她告诉我，还是觉得他好。他是因为足够优秀，才有那么多女孩子喜欢她。

同事最后自问：真不知道如果是我的女儿，我该怎么做才能让她尽量少受伤害。

《诗经》里有一段话："桑之未落，其叶沃若。于嗟鸠兮，无食桑椹。丁嗟女兮，无与士耽！士之耽兮，犹可脱也！女之耽兮，不可脱也。"

翻译成现代文就是：桑叶还没落的时候是新鲜滋润的。斑鸠啊，不要贪吃桑椹。姑娘呀，不要沉溺于与男子的爱情中。男子沉溺在爱情里，还可以脱身。姑娘沉溺在爱情里，就无法摆脱了。

可见这种女孩子的痴情两千多年前就有目共睹了。痴情不是错，可怕的是将痴情错用在那个不珍惜你的人身上。现在流行的爱情小说里都是男主人公优秀出色得无可挑剔，你尽情去想象，他会比你想象得还完美，而他周围总有无数花痴配角，拿着张爱玲那句"见了他，她变得很低很低，低到尘埃里，但她心里是欢喜的，从尘埃里开出花来"来鼓舞自己飞蛾扑火做点缀去成就别人的高不可攀。

作为妈妈，我是这样给乖乖通过聊天，评论电影、小说等委婉的方式影响她的爱情观的。

首先，现在就是你完美自己的过程，如果现在你不积蓄，将来遇到优秀的男孩子你拿什么去配得上他？所以要好好读书、学习，积累生活经验，培养生活技能，加强个人修养。

其次，这个世界上优秀的男孩、女孩太多了，百步之内必有芳草。当你足够优秀了，接触了更大的世界再回头看看，那些你曾经认为高不可攀的男孩子也不过如此。就是老百姓说的那句话：不要在一棵歪脖子树上吊死。

最后，女孩子一定要矜持，《致青春》里的郑微就是一个惨烈的例子，那样奋不顾身地去爱固然轰轰烈烈，看上去浪漫动人，可是那血腥的疼痛与被弃的自怜也只有夜深人静时自舔伤口的那个人才能体会是如何痛入骨髓吧。很少有男孩子珍惜辛苦追自己的女生，这是人的本性。所以女孩子一定要珍惜自己，人必自爱而后人爱之，自己就把自己定位成众星捧月中的一个小星星，让月亮怎么会正眼看你。

所以我说这是年轻时的任性，也算是一种投入，大概有自虐的快乐。类似于生活中明知不健康仍愿意吃地摊一样，是一种小放纵。只是她们不懂得，作为被我们这些做父母的心心念念捧在手心里的珍珠，父母如何舍得心疼地看她们去低到尘埃。我们现在能做的就是防患于未然，尽量让我们的掌上明珠不去遭受这般椎心之痛。让她从小学会自爱，尊重自己的感情，不能将鲜花拿到市场上去卖白菜价。

男孩子的妈妈也一样要给孩子灌输这样的观念：你要足够好，才有资本去追好女孩儿。除了家长的影响，你本身足够优秀了，你才有更多的选择余地。为了将来可以与自己心爱的女孩子在一起，你现在就要发愤图强。

一篇网络流行文章带来的思考

下面的这篇文章在网上一度盛行，也引起了广泛的讨论，有醍醐灌顶随声附和的，有斥责作者站着说话不嫌腰痛的，也有理智分析告诫大家不要走极端的，还有质疑以富贵作为衡量成功的标准是否得当的，众说纷纭。

一个麻省理工学院毕业生对教育的反思

朋友的女儿在十多年前考上了麻省理工学院，当时在周围中国人圈子里轰动一时。毕业后她到硅谷发展，一边工作一边又修了个MBA学位，现在在一个世界顶级的IT公司里工作，亲朋好友都觉得她很能干。每当华人家长当着她的面表示要让自家孩子以她为榜样时，她都露出哭笑不得的表情，一再说自己很普通，就是个高级打工仔而已，千万不要向她学。

现在她自己的女儿也快到了上学的年龄，回来看望父母时，大家见到她就半开玩地问她，以后要把孩子培养进哪所常春藤大学，她却很坚决地摆手说："我不培养，她能上哪儿就上哪儿。"据她妈妈讲她真的不管孩子的学习，在家里什么也不教，也不送孩子去任何特长班，她妈一提起来就愁，说她对待自己孩子像是放羊一样，极其不负责任。

有一次过节聚会，当大家的话题又转到孩子的教育上时，她讲了她自己对于子女教育的一些反思。

她说从小学到高中，无论在中国还是在美国，她的学业成绩排名都是全校第一，在麻省理工学院时她的学习成绩也是处于上游。但是工作以后，她是同学中最不起眼的一个，属于在事业上没有什么成绩可言的人。毕业十年她去参加同学会，同学中有后来进了法学院当上大牌律师的，有从政已经是某个州众议员的，有在公司已经成了CEO的。有个同学毕业后就冒险加入一个才组建的小公司，公司后来上市，他坐拥原始股，一夜之间成为百万富翁。如果觉得这个同学在财富上比较成功的话，那么另外一个参加小公司的同学后来变成了公司合伙人，公司上市后他直接就进入了千万富翁的行列。可是这个人还不算牛，有个同学自己创业自组公司，公司上市后给卖掉了，又建了一个公司又卖掉，现在正在搞第三家公司，已是亿万富翁。

单纯从财富上看，他们这些打工的人在同学里不值一提。

但是最潇洒的却不是上面那些"成功"人士，而是一个大学期间学习很好的男同学。他自从有了孩子，就辞掉工作在家里做起了家庭主夫，因为他发现自己特别喜欢照顾孩子的感觉，喜欢相妻教子的生活方式，在孩子上学前他都不打算去上班了。他太太也做IT行业，收入足够家庭开销，而太太不喜欢做家务，所以他们夫妇俩人正好互补。这个同学还有个兴趣是旅游，他们全家一有空就满世界去玩，已到过七十多个国家，以后打算到地球上的每一个角落都走走。同学里面属他没有压力，最轻松自在，让生活节奏很紧张的上班一族们羡慕不已。

同学中有几个华裔孩子，父母来自中国大陆以及台湾、香港等地区，这些同学都是规规矩矩的打工族，就职于大公司，说起彼此的工作都乏善可陈。

他们几个华裔孩子在校时学业优异，努力踏实，智力超群，可大学毕业以后，后续的事业发展却普遍不如美国同学。

反思自己的成长过程，她认为，我们的文化中对孩子的培养有误区。

在中国父母眼里，教育的目的就是培养孩子上大学，没有把教育看成是一件为孩子的一生打基础的事儿，光以为把孩子送进了名牌大学父母就大功告成了。为了达到这个目的，家长的注意力都集中在孩子的学习成绩上，还有和进名校相关的活动中，而子女教育的其他重要方面，很多不能被量化的方面被忽视了。比如，孩子的自我认同感、自信心、冒险精神、不畏失败百折不挠的精神和勇气、享受生活的能力等，这些都是她和同学相比之后感觉自己所缺乏的。人的一生更像马拉松比赛，一个人若想取得成功，性格的培养非常重要，超过了上名校。

事业都是在大学以后建立的，名校的招牌在刚毕业的头一两年找工作时还有点用处，后来很快就会被工作经历所取代。

因为父母在她很小的时候就看重她的学习成绩，所以，她也把取得好成绩看得极重，不想看到父母失望不满的眼神。每次考试她都特别紧张，特别怕出错，这种情形后来就发展成了谨小慎微的性格，做事求完美而缺乏冒险精神，没有安全感，就怕把事情搞砸了，有时明知搞砸了也没有多大关系，可是自己心理上就是接受不了。

她举了一个自己的例子。刚毕业的时候，她曾到谷歌公司应聘，当时它成立时间不长，急需人才，公司创始人之一面试了她，还和她一起吃了午饭，特别希望她能留下来。可是硅谷的小公司多如牛毛，谁也不知道这家公司的命运如何，会大放异彩还是像成千上万新创业的公司一样倒闭？虽然她敏锐地感觉到了搜索领域的前景，但是求稳的心态让她最终还是选择了另外一家已闯出名牌的大公司。她的同在硅谷工作的美国同学当时极力劝她选择谷歌，说如果以后这家公司不行了就再找工作好了，实在不行她那么会读书还可以回学校读个硕士，有什么好怕的？可她就是没敢冒这个险。现在谷歌的成就有目共睹，如果她当初选择留下来，公司上市以后她已变成了千万富翁。她说实际上他们家现在的收入在工薪阶层里也算挺高的，但是她有了钱自己也不会花，搞点娱乐活动心里隐隐地就会有罪恶感，觉得只有工作才是正经事，其他的都是浪费时间。这就是小时候形成的只有学习才是正经事的观念的后遗症。她没有什么兴趣爱好，作为一个人，她觉得自己的生活太单薄了，太谨小慎微了，太没有色彩了，她绝对不要自己的孩子再像自己一样。

她说她就让孩子尽情地玩，孩子将来有兴趣、有能力上名校就上，没有兴趣就不上，重要的是孩子要快乐、身心健康，对自己有自信，对生活有热情，将来他们自己想干什么就干什么去。

看完这篇文章，相信每个妈妈都会掩卷深思，都会有自己的想法和收获。我首先想到的就是中国一直以来提倡的素质教育。

什么才是真正的素质教育

一度咱们中国人喜欢跟风、扎堆，若是买东西，这样损失不大，如果是孩子的教育，家长无视自己孩子的性格特点，盲目地跟从媒体倡议或者旁人信口开河的一番理论去教育自己的孩子，那无论对我们的国家来说还是对自己的小家来说都太可悲了。

我们国家提倡素质教育，家长们就一窝蜂地逼着孩子去学各种特长，上各种提高班，其实别说大部分半途而废，即使学有所成，会钢琴、绘画固然是非常美好的事情，但并不代表素质高。我们都可以认真思考一下：真正的素质教育应该是什么？

我认为真正的素质教育要包含以下几个方面：

一、教孩子做人

这不是泛泛地唱高调说教，教孩子有正确的人生观实在太重要了，让她能够分辨是非，知道做人最基本的原则，有责任感和进取心，这是成为一个高贵的人最基本的一点。那些社会上自甘堕落的女孩子都没有正确的人生观，才导致出卖青春、肉体还洋洋自得，没有丝毫羞耻感。我们都抱怨世风日下、道德败坏，却没有想到我们做妈妈的完全可以从自己女儿的教育抓起，为这个社会的风尚转变奉献一己之力。

二、培养孩子良好的性格

我在前文里关于性格培养有专门论述。一个女孩子拥有良好的性格会影响好几个家庭。对父母知道感恩，对公婆知道孝敬，对儿女知道培养，对丈夫知道恩爱，对亲友知道亲爱，对朋友知道相助，对社会知道回报，这样不仅她自己会拥有幸福的生活，还会在自己的小生活圈子里形成正能量循环，惠及他人。男孩子拥有良好的性格，不仅在家里能够感受快乐，在社会上也会朋友多，能吃得开，在单位里会如鱼得水，得到同事的认可和领导的赏识。

三、端正孩子的生活态度

让孩子知道他现在过的也是生活，也是生命中最值得珍惜的一部分，学会快乐地去享受生活带给我们的种种，无论是鲜花还是荆棘。学习很重要，但绝对不是孩子生活的全部，他与父母一起共度的美好时光，他能用心享受的每一种感觉都是永远不能复制的生活经验。不仅要有理想、有追求，还要学会享受当下，把自己的每天都过得有滋有味。无论他具有什么天赋，或者只是资质平平的普通人，他都可以拥有幸福的生活，关键在于他有什么样的生活态度。

四、培养良好的生活习惯

关于这一点我们也有专门论述。勤劳、清洁、守时等种种生活习惯会对孩子一生的幸福产生正面积极的影响。

五、帮助孩子养成终生自学、不断内外兼修的习惯

做好学校的功课其实不仅是对能力的要求，也是对性格坚韧的要求。学习不止是我们在学校里通过课本学理论知识那么简单，人的一生要不断地进行自学，多读书以净化心灵，培养气质，精心打扮以体现自我珍惜并让周围的人赏心悦目。内外兼修，缺一不可，不要成为只会应付考试的书虫，背功课不代表会学习，学习的概念要广泛得多。

六、培养孩子高雅的举止言行

在孩子小的时候就让他知道什么样的言行是得当的，在心里有个标准，当自己言行不当时会自然地感觉羞耻。这绝不是长大后自己再一点点按照社交礼仪进行改正，一不小心又会原形毕露了的行径所能比拟的。

七、给孩子适当的艺术熏陶和引导

在孩子不反对、不厌倦的情况下，让他尽可能多接受艺术熏陶。一个真正喜爱艺术的孩子跟那些从小就打游戏、热衷跟妈妈逛商场的女孩子是截然不同的。

真正的素质教育具体怎么实施尚未有公论，也没有量化的评价标准，上面也仅仅是我个人的一孔之见，相信各位妈妈在培养孩子的过程中也有自己独到的经验。我们的目的是让自己的孩子拥有充实快乐的人生，对自己满意，对社会负责，这样无论贫贱富贵，我们都可以说自己培养了一个高素质的孩子。

孩子是社会的一分子

在英国上班时，有一天同一办公室的英国老师惊喜地把我叫过去让我看一个申请研究生的中国女孩的简历。她不仅学习成绩非常优秀，而且曾在中国当地小学做兼职教师，在超市做收银员，到英国来一个多月就在当地的慈善商店里做义工。那个老师很惜才地说："这真是一个不可多得的品学兼优的好学生。"

现在家长都知道孩子申请国外留学时，学校非常看重他们的社会活动从事情况。即使孩子不留学，多做些社会公益活动对他们来说也是非常有利的。

乖乖上初中时，我在当地的论坛上看到爱心组织发起的给贫困儿童捐书的活动，就跟乖乖商量让她组织周围的小朋友都加入进来。一可以充分利用资源，解决贫困儿童看书难的现状；二可以培养孩子们的爱心，让他们反思对比一下自己的生活境遇；三可以锻炼一下孩子们的办事能力。

告诉她网址后我就不再管这件事，乖乖用短短两天时间，发动了周围的几个好朋友，她们自己动手制作海报、借桌椅、布置场地。高温的"桑拿天"，她们在学校家属院的小花园里忙活了一天，连中饭都是在那里吃的。乖乖自己捐了110多本书，收集到其他小朋友的70多本书，回来后看她的状态真是累并快乐着。

很欣慰孩子在暑假里做了件有意义的事。那个爱心组织还非常尽责地帮助这群孩子成立了一个小天使协会，乖乖当选为会长，还发表了就职演说：

各位叔叔阿姨、小朋友们：

首先感谢大家的信任和支持，能够当选农大小天使协会会长这个光荣的职务，让我感到责任重大，这是对一个月来我们爱心小团队在捐书活动中默默服务的肯定。同学们都感觉到了，以前我们的小天使爱心捐书活动，很多人凭借的是一腔热血、一时冲动，活动时断时续，无章可循，缺乏指导，许多同学都有一种"有劲无处使，有爱不敢洒"的感觉。今天，我们成立了正式的团体组织，有爱尚组织的叔叔阿姨对我们热心带领、指导，有家长给予精神上的鼓励、行动上的支持，这就使我们更加有信心在兼顾学业同时做好爱心慈善活动了。

人生命的意义在于两个方面：一是创造，努力实现自我价值，二是奉献，不断用真情回报社会。我们在实现自我价值的过程中，都要得到社会、得到他人的帮助，所以都要懂得感恩。爱心是自愿的、是无偿的。你今天帮助了别人，不一定明天别人就来帮助你；你帮助了别人多少，别人也不一定能帮助你同样多。但是，爱心又是有回报的，"普天之下，行善最乐"。你送人玫瑰，就会手留余香，你帮助了别人，就会快乐自己。帮助别人，总是有限的，而自己收获的快乐则是无限的。

今天我们作为学生，首先要完成好自己的学业，其次要不断学习，提高个人素质，在此基础上，我们才能加入社会这个大家庭，去关心弱者，奉献我们的爱心。让我们这些小天使们用爱心点燃希望，用责任照亮未来，以爱心捐书救助活动为起点，用自己的行动树立志愿者的光荣形象，从我做起，从小事做起，吸引更多的人走进爱心慈善服务，来帮助更多需要帮助的人。

小天使爱心协会任重而道远，我会严格要求自己，认真管理、带领我们的小天使协会，积极参与爱心活动，为社会奉献属于我们的一份光和热。"大鹏一日同风起，扶摇直上九万里。"让我们一起为中华之和谐而努力！

这是她参考了网络上的文章又加上自己的思考写的，我很欣慰她能认识到这件事的积极意义。上高中后，她就辞去会长职务，传给了下一级的同学。

我一度想让乖乖去卖报纸，朋友劝我："一个女孩子你让她这么风里来雨里去的没必要。"我还真动摇了，我们是普通的工薪家庭，没有煊赫的门庭，也没有居无定所、揭不开锅，让孩子经历这些的利弊我反复考虑，后来还是觉得让她锻炼一下是必要的。于是寒假里从网上批发了些小玩具，让她和弟弟在广场上卖。大人在不远处看着，以防有什么意外情况。他们起初有很高的积极性，但是在卖了几天后就都兴趣索然了。天气非常冷，反复就说那么几句话，肯定不如在家里玩舒服。但我坚持让他们把所有的存货都卖完了，让他们身体力行后得出结论：挣钱不容易。

我曾经访学的英国皇家农业大学，查尔斯王子是名誉校长，当地很多大农场主的孩子都选择来这里读书。学费每年九千英镑，是英国大学的平均水平，有的专业是政府先帮助支付，在学生成人工作后再返还，有的是父母帮助支付。但是他们的生活费用都是靠自己打工挣钱支付，学校马场里从事清理工作兼职的也都是马术专业的女生，个个像花朵一般娇嫩。

学校餐厅里打工的中国学生中有个特别漂亮耀眼的女生，跟她男朋友一起打工挣钱，不像有些稍有姿色的女孩子仗着自己的脸蛋吃饭，每次看到她在餐厅收拾的身影都觉得非常可爱，后来听说她顺利上了研究生。

家长们总会感觉自己的孩子还小，离不开自己的呵护，其实孩子的潜能远远超过我们的想象。看《爸爸去哪儿》大家大概都会深有体会：田亮家那个起初哭哭啼啼抱着爸爸不撒手的小Cindy在离开家长单独完成任务时，不仅自己吃苦耐劳、任劳任怨，还帮助其他小朋友，简直跟在家长跟前判若两人。所以我们要相信自己的孩子，不要束缚他，多给他机会去展现真正的自己，不要让他偏安一隅，给他更大的舞台。

多让孩子参加社会活动，让他学会如何与人交往、如何安排工作、如何支配资金、如何回报社会，这是非常有意义的。

妈妈有责任培养孩子良好的生活习惯

有件事我做得不对，现在想来比较后悔。

乖乖三年级寒假，从奶奶家回来，我拿着行李，乖乖背着自己的书包，我们乘出租车回家后她才发现书包落车上了。我就开始打电话询问出租车公司，其实从这时起，我的方向就错了。我该让她意识到这是她的事，应该她去解决，我只是帮她。可是在我打电话时她的若无其事意味着她认为妈妈可以帮我摆平，我可以置身事外。

无果，第二天就开学了，补作业是不可能了，我给她写了张条，给老师说明了情况。

这是我错的第二步。

当天补是不可能了，但是可以让她匀到以后的时间慢慢补。不在于让她写多少遍作业，而是让她通过此事知道每个人需要为自己的行为负责，哪怕是无意的失误。这本来是一个很好的让她吸取教训的机会，我出于短见地不想让孩子多费时间做无用功而错过了。补作业已经远远超过了学习本身的意义，这是一堂人生教训课，可惜我后来才意识到。

有一次英国的房东在批评她十岁的女儿，她给我说："因为每周四她放学早，要求拿着家里的钥匙，想趁其他姐妹回家前享受自己的私人空间，我反复叮嘱她要注意保管，结果她又一次把钥匙丢了，一共拿了两次钥匙，她丢了两次！"

我给她说我女儿也丢过两次钥匙，她问我什么年龄，我说差不多十岁十一岁的时候，她大概心理平衡了些，想了一会儿自己平静下来，去跟她女儿说："这周四我再把钥匙交给你，这是最后一次机会，我希望你能好好珍惜，我不会再给你第二次机会了，你明白吗？"

那个含泪的小姑娘眼前一亮，频频点头。

我感觉房东处理这件事是非常得当的。如果她大发雷霆后再也不让女儿拿钥匙，这个女孩子就会自动地给自己定性：我是个丢三落四的人，我以后还会这样，妈妈不信任我是对的，我就是这样的人。现在她充满信任地给女儿最后一次机会，必然会让她小心翼翼地吸取教训，从此不再犯同样的错误。

如果让我总结乖乖有什么缺点，我认为有两点：除了上面提到的丢三落四，还有就是磨蹭。

我现在扪心自问，除了她天性里有这些小毛病的因素之外，我的教育也有失当之处。

我最大的失误在于没有理智地去批评她。在乖乖成长的过程中，我始终克制着自己要有针对性地长远地对她进行教育，不能凭着自己的情绪图一时的口头之快，但是在她一再磨蹭和心不在焉后我不由得在批评她时加上了不理智的情绪，我说她的磨蹭就是随她爹，丢三落四就是随我，这实在是个非常愚蠢的结论，它带给孩子的暗示就是爸爸妈妈都这样了，我这样怕什么？

小时候父亲批评我爱把钱乱放乱折的时候说："怎么跟你妈一样，把钱一攥就塞口袋里，不会把它整整齐齐地放好吗？你看皱巴成什么样了。"我至今没有改掉这个毛病，并且能够记得当时根本不当回事儿的心态，反而还有种隐秘地跟妈妈犯同样错误的快乐。

后来我充分吸取了以前的经验，还是要理智地去教育孩子。

乖乖是个没心没肺的主儿，又不太爱花钱买东西，我很担心她会像我一样不善理财，对自己的经济状况糊里糊涂。我就一如既往地给她贴好标签，坚决不说她随我的话，不给她任何不良的心理暗示，一直积极引导她学会对自己的财物做到心中有数。爷俩到英国来探亲时，我给他们报了个旅行团，告诉乖乖替爸爸记着点如何花费的，五天后见到我，她一一复述给我听他们是如何消费的，居然一镑也不差。我表扬了她，她也很高兴。不是为了某一次出行花多少钱，而是让她养成会理财、不糊涂的好习惯。

孩子有许多良好的生活习惯都是需要靠妈妈督促而从小养成的。比如清洁，从小让他养成玩完玩具收拾好，去别的小朋友家玩完也要养成帮助别人收拾的习惯。自己的房间要收拾清洁，个人卫生要做好，内裤、袜子每天更换清洗，不要拉里邋遢地就出门。

另外，像是守时、不轻易借钱、不熬夜睡懒觉等都需要从小就培养。

说到睡懒觉，我们小时候父亲要求甚严，痛恨孩子睡懒觉，认为那纯粹是浪费生命，以至于我现在偶尔睡个懒觉心里还不由自主地有小小的罪恶感，在我的教育下乖乖也没有养成睡懒觉的习惯。

然而后来我看了一个报道，说美国哈佛大学的一个研究小组发现，人在熟睡与做梦之间那段时间的睡眠（被称为第二阶段睡眠）非常重要。假设我们每天都睡八个小时，那么最后两个小时对于强化记忆尤为关键，但这两个小时的第二阶段的睡眠往往因为人们要早早起床而被打断。如果保证他们在这时的良好睡眠，他们学习新技能的效果就会好得多。而且还有研究表明让孩子拥有充足的睡眠，早上尽可能自然醒来有助于他的身体健康。

那时乖乖已经十一岁了，在周末我就尽着她睡，但是只要醒了，活动一下身体，想点儿高兴的事，五分钟内就得起床，不能赖床，那可是没有一点好处，只会让人意志消沉，情绪低落。

熬夜的坏处就不用我说了，尤其对一个女孩子来说，美容觉是万分重要的。我让乖乖养成睡觉前做做美梦的习惯，一边按摩着三阴交等穴位，一边想象着自己最幸福快乐的时刻，想象自己成功了。冥想的力量已经得到了科学的证实，让孩子从小受益是很好的。

让孩子养成按摩自己身上穴位的习惯，我们手上、脚上、全身各关节附近都有许多穴位，如百会穴、天柱穴、风池穴、涌泉穴等都可以促进血液循环、增强记忆力。按摩位于头顶正中央的百会穴，可清神醒脑，增强记忆力；用拇指和食指从上到下轻轻地按摩整个耳朵，用两只手的手指触摸位于发际和眉毛之间的两个穴位，以促进血液流动，增强记忆力。充分利用中医学的丰富宝库，养成自我按摩的习惯，可以终身受益。

妈妈注意不要让孩子养成跟着自己天天窝在沙发上看电视的习惯。我不想去批评看电视的人，因为这种活动确实也是生活中必不可缺的休闲。

就我个人来讲，我从小到大都没有好好看过电视，小时候是因为父母管得严，不到周末不许看电视，那时特别羡慕那些晚上能看电视，第二天到班里津津有味评论的同学，大了以后没人管了却也没有看电视的兴趣了，甚至有点小病态地总感觉看电视太浪费时间。我们家没有看电视的习惯，以至于第一台电视机落伍淘汰后家里就一直没有再添置电视机。

看电视固然可以让人娱乐并增长一些知识，但电视节目无法主动参与，科学家也证实人在看电视时脑电波与睡觉时是一样的，对人没有太大的积极作用，只能纯粹当作休闲。我们夫妻俩都是五六百度的高度近视，乖乖这么能看书居然没有遗传，我私心揣度大约跟她没养成看电视的习惯有关，当然这只是我自己猜想，找不沉溺于电视也照样是近视眼。

孩子年龄小时，越早养成各种好的生活习惯越有利于他的身心健康，做妈妈的可一定要担负起帮助他们养成好习惯的责任啊。

怎么才算真正地富养女儿

我们中国有句妇孺皆知的老话叫作：穷养儿子富养女。这绝对是历代父母总结的宝贵经验和真理。

但是关于如何富养，许多妈妈们还是很迷惑。

富养并不是一定要给她最好的物质条件，单纯的名牌服饰、奢侈品培养不出内心高贵的人。有的家长花巨资将女儿送入贵族学校，认为拥有高档住宅、豪车，消费欧洲奢侈品，过上这种种形式主义的贵族生活就是贵族了。其实这种见识是虚荣和幼稚的，贵族无论是在称谓还是实质上，都必须是与其品德、学识、行为相符合的。储安平在其《英国采风录》中说："英国人以为一个真正的贵族绅士是一个真正高贵的人，正直、不偏私、不畏难，甚至能为了他人而牺牲自己，他不仅仅是一个有荣誉的人，而且是一个有良知的人。"

富养是让她有富裕的内心和丰富的见识。

很多父母认为女孩子将来的夫婿是非常重要的，决定着她后半生的幸福，因此津津乐道的是教女儿如何钓得金龟婿。婚姻非常重要这一点毋庸置疑，但是我们要注意的是如果单纯以世俗的成功概念去衡量这个女婿，有车有房，有钱有权，却没有对你女儿最基本的尊重与爱，那叫嫁得好吗？婚姻这只鞋子外表的新鲜光亮可以满足一时的虚荣心，然而是不是舒服合脚，只有那个日日体会的女孩子才有真正的发言权。嫁个"好"丈夫固然值得骄傲，但是当外在的财富、美貌失去后，能否保证那个因为在乎这些东西才娶你的夫婿还会珍视你。所以一个女孩子长大的终极目的不是有一段好婚姻，而是拥有自己的世界，妈妈谨记要教会女儿的不是依附别人的能力，而是独立自我的能力。

我认为富养应该体现在两个方面：

其一，是物质的富养。

相对富裕的生活条件会带给女孩子以下的益处：

让女孩生活在一种无忧无虑的生活环境中，尽量满足她的生活要求，让她感觉到生活的美好，然后她才会用欢愉阳光的心态来面对世界。当然前提是先教育好女儿懂得体谅父母，尊重父母的劳动成果，不浅薄攀比，爱慕虚荣。

柔软纤细的双手、娇嫩的肌肤、矜持自信的举止，这都需要后天的精心培养，这就需要有一定的物质基础，有相对宽裕的物质环境。一个女孩子的气质风韵也需要外在形象来体现。久经世故的人一打眼就能从一个女孩子的穿戴打扮、言行举止中看出她的家庭背景和受教育程度，这不是换上一件名牌服饰就能遮掩假扮的。而我们普通老百姓家里的女儿，就需要妈妈注意，在培养孩子热爱家务的同时，叮嘱她要戴手套呵护好自己的双手。尽量不让女孩子去搬抬重物，让孩子学会防晒，等等。在条件许可的情况下，多带女儿去一些交响音乐会或美术馆，领略艺术的魅力。如此富养的女孩才能更容易领略欣赏什么是真正的美。

那种挤在人群里对着某个通俗歌星狂呼流泪的情景，一辈子在年轻时有过一次就是疯狂了，没有经历过也不是什么遗憾。至于追星以致自杀的行为，是多么贫瘠的精神世界才能如此将自己视如草芥啊。

多让女儿有机会收到各种礼物。爱收礼物是女人的天性，如果在父母那里得不到满足，就会寄希望于未来的男友，所谓"一块蛋糕就被钓走是也"。多带她去各地游玩，让她体验这个大千世界，开阔她的见识和视野，不做井底之蛙。

其二，也是更为重要的一点，是精神的富养。

富养体现在精神的富有，有些女孩子觉得凭着自己的相貌去接受礼物、免费吃喝等是理所当然，甚至有的人厚着脸皮去要，这就是典型的精神乞丐。妈妈一定要端正女儿的态度，让她有基本的羞耻心，知道自尊自爱，这才称得上富养。"自尊、自爱、自立、自强"——听起来像是在说教，但却是一个优秀的女孩子能够幸福生活所必备的品质。

我的一个研究生出身贫寒，她告诉我："老师，我们家虽然很穷，但父母给予我的爱一点都不少于您给乖乖的爱。他们教会了我尊重自己。"这个孩子品学兼优，而且性格积极乐观，写得一手好文章，是个自强自立的好孩子，这样的美玉肯定会遇到赏识她的人，我对她有良缘佳配深信不疑。

给女儿充分的拥抱、爱抚和言语肯定，让她感受到来自父母的爱，就不会那么容易被外面男孩子的一个拥抱、一句赞美迷惑得晕头转向，这跟物质的富有是异曲同工的。

教女孩子学会尊重自己的身体和心灵，懂得自我保护，而不会被外界的种种陆离光怪所诱惑。坚持值得自己追求的东西，而不是轻易盲目地去崇拜一些表面现象。让女孩子有个健康的心态是至关重要的，如我的那个学生。

亦舒的小说《喜宝》里有句话很有道理：做一个女人要做得像一幅画，不要做一件衣裳，被男人试完了又试，却没人买，试残了旧了，五折抛售还有困难。

做母亲的要注意言传身教，给女儿做好榜样，很难想象一个爱慕虚荣的庸俗的妈妈能教育出一个高贵的女儿。对她进行正确的道德教育，让她拥有积极向上的价值观，培养她善良高尚的品质、有关知识与文化的综合素质，做一个自强自立的人，这才是给女儿了用多少金钱都换不来的惠及一生的财富。

教孩子如何交朋友

闺蜜最近一直在为女儿烦忧，本来乖巧听话的孩子因为上高中后跟班里一个家里从商的住校的小姑娘成了好友，从此心思也不在学习上了，热衷穿衣、化妆、买饰品，给男孩子写情书，周末疯狂逛街，她的生活一下子"丰富多彩"起来，这种目不暇接让她兴奋不已，她一直给妈妈说自己有了这个朋友有多快乐，让她接触了一个缤纷的新世界，对乖乖这样的朋友，她已经觉得相当"无趣"了。

我们都是从少年时代走过来的，尤其是像我这种曾经的问题少女，对她的感受非常理解。她和曾经的我都不知道的是，当在有条件全力学习以装备自己时错过时机过早"享受生活"的代价是将来或者要付出比别人多的努力以弥补，或者艳羡地看着别人在足够的社会尊重下享受靠自己能力挣来的物质财富和精神满足。现在享受的都不是自己的，都是父母挣来的，没有努力辛苦争取的过程就不会有内心平静甘之如饴的享受。如果妈妈不及时劝解自己的孩子悬崖勒马，她可能就从此走上不劳而获的歧途。

孔子曾经提醒世人："友便辟，友善柔，友便佞，损矣。"

我们不能否认的是，这种损友都有一定的吸引力，他想结交你的时候你好像很难拒绝。这也是为什么那些皇帝啊高官啊，个个精明过人为啥还会栽倒在小人手里，实在是人的本性决定了小人的投其所好也确实是我们所好。

当然我们不能说一个不爱学习的孩子就是损友，有许多孩子性格耿直坚韧，在关键时刻能为朋友两肋插刀，但是他们纯粹出于一腔热血、江湖义气，而不是理性地互相帮助、共同进步。

朋友真的很重要，对孩子自身的影响也是举足轻重的。孩子在性格形成期，非常容易受周围环境的影响，交一个积极进取、乐观向上的朋友，他会受到正面影响，努力减少彼此差距；而交到一个心地狭隘、搬弄是非的朋友，他势必也会变得斤斤计较、势利庸俗。

孔夫子说："友直，友谅，友多闻，益矣。"

妈妈要教育孩子明辨是非，不要认为一时对自己好的就是益友。而别人对自己的好其实是建立在他的心情或者是目的的基础上。他可能无条件地喜欢你，愿意让你高兴，没有特殊原因，只是两人之间的化学反应产生了正面影响；他也可能有所求，现实生活中总是有这样那样的目标让人去追逐。一旦有一天他莫名地冷淡你了，或是达到目的不需要取悦于你了，你会受不了，认为他对你的伤害远远大于那个初次见你就横眉冷对，一直让你厌恶的人。

所以，对待朋友，且向伟人学习理智一些，交朋友，首先要看对方的人格和能力，对方怎么待你（其实更多时候是你以为对方这么待你，而不是对方真的有意识这么待你）是次要的——器量更大点是无所谓的。

有人总结说要想交到好朋友不交坏朋友，需要两个前提：一是意愿，二是能力。在孔子的理论里，前者叫作"仁"后者叫作"智"。

何谓仁？真正爱他人就是仁。

何谓智？知人，了解他人就是有智慧。

可见我们想要交上好朋友，第一要有仁爱之心，愿意与人亲近，有结交朋友的意愿；第二要有辨别能力，要有保障交友质量的底线。朋友正像一面镜子，从他们身上能看到自己的差距。

同时教育孩子要修身养性，真诚对待朋友，争取做别人的益友，不斤斤计较鸡毛蒜皮，不做伤害别人的事，在朋友需要的时候不推辞，能尽一己之力。

这些不仅仅是对孩子的说教，妈妈要身体力行，不能说一套做一套，当着别人的面把话说得八面玲珑、滴水不漏，回家又鄙夷地议论是非长短，这样不仅得不到孩子的尊重，还会影响他以后的处世之道。明智的妈妈会从长远看待孩子性格的发展，不会就一时的利益对孩子耳提面命那些庸俗的算计。

让孩子能够交到一生不离不弃的知己，让孩子能够做别人的患难之交，在他的一生中，在某一天你无法顾及的时间空间里，会有个肝胆相照的人与他风雨同舟，做妈妈的是不是心里更欣慰一些。

谁没有青春叛逆过

经常在公共场合看到半大孩子与父母的冲突，现在甚至家长们都有共识：如果哪个家长解释自己孩子的无礼是因为处于叛逆期，绝大多数家长都能深有同感地点头附和。许多家长苦恼，何以之前听话的乖巧孩子就变成了个浑身长满刺的刺猬，他们的浮躁心态和对抗情绪越来越让父母看不惯了。两代人的关系剑拔弩张，父母束手无策，父母的说教会被孩子当作耳旁风，打骂更增加孩子的对抗情绪和叛逆心理，万般无奈下甚至有的家长违心地说干脆放任不管了。

现代心理学认为，人的行为都存在动机。

孩子叛逆期的动机细究起来源于两种极端。其一，他想寻求身边重要的人物的关注，希望成为大人关注的中心，如果不能通过积极的行为，如取得好的学习成绩、乖巧听话等来达到目的的话，就极有可能通过无用的行为，如调皮、发脾气、哭闹等手段来达到目的。其二，在当今这种独生子女成为全家人中心的情况下，许多家长给予了孩子过多的关注，凡事大包大揽，让孩子体会不到自己的价值和重要性，他们就会用反抗、暴力或者消极的偷懒、遗忘来表达对权威的抗争。甚至有的孩子故意报复父母，怎么让父母伤心就怎么做；有严重的孩子还会自闭、抑郁、自杀。

　　我青春期时也是个问题少女，我初中时的老师们大概会很吃惊我能成为一个高校老师。现在回忆那时逃课、沉溺小说、早恋，种种离经叛道只是因为我感觉自己缺乏关爱。家庭教育非常严格，我的记忆力好、会唱歌跳舞写诗等种种如今看来完全可以作为特长的行为在那个时代看都是不务正业，没有人给予我肯定，我一直到今天都不是特别自信应该就是源于童年没有得到足够的重视。

　　如今为人母了，我能理解当时父母正值中年，家里三个孩子上学，四个老人和弟弟妹妹需要照料，工作又都繁忙，根本不可能有精力去照顾一个青春期女孩子的不安与焦虑。即使有精力他们也没有现在的观念去理解一个矫情又别扭的孩子，他们还是以老式知识分子的严格规矩来要求自己的女儿。我很庆幸自己爱读书，又从小就被灌输了正确的人生观，没有从此走上歧途，能一步步在逐渐成熟后回到正路。

　　我吸取自己成长过程中的教训，一直在给乖乖积极的肯定和关注，告诉她妈妈爱她，不管发生什么事妈妈都不会放弃她。

　　孩子的性格不同，有些女孩子由于生理期或情绪不稳定，经常会歇斯底里地爆发。有次英国房东家小女儿因为在饭桌上不礼貌又拒绝道歉，被父母赶回房间反省。她大哭大闹，她的父母严肃地跟她谈话，直到她平静。

　　第二天早上起来，房东对我说，昨晚女儿平静后，她又跟她聊天，哄她心情好了才睡觉的。"因为我小的时候，我们家是不允许孩子发脾气的，我现在还记得自己愤怒、抽泣着上床睡觉时的恶劣感受。那时我就决定，等我做了妈妈绝不让自己的孩子哭着去睡觉。我认为生气与高兴一样是不可避免的情绪，如果让孩子压抑着她的怒火，是对身体不利的。但我同时也要让她知道大喊大叫、高声哭闹都解决不了问题，只能让人们远离她，不喜欢她。所以让她发泄过后要给她讲道理，还得让她知道妈妈并没有因为这个不爱她。"

她是一个理智合格的妈妈，知道如何兼顾到孩子的当下与长远。

但同时我们也不能走向另一个极端。这是摘录自网上的一个心理疏导案例：

小嘉是因为和父母关系不和、想离家出走而被送到咨询室的。看见她的时候，我真不敢相信在我面前的孩子是一个15岁、高一的学生！她的眼睛红红的，显然是刚刚哭过，面容很憔悴，一脸疲倦的样子，看得出来，她已经快支撑不住了！据她父母介绍，她已经两天没有吃喝了，究竟是什么原因让这个孩子变成这个样子呢？

以前，小嘉一直是一个"听话"的孩子，学习成绩很好，能歌善舞，老师和同学都很喜欢她，父母更是将她当成自己的骄傲，逢人便讲自己的孩子如何如何！生活上也是照顾得无微不至！每天上学都亲自接送！但是，上了初中之后，情况似乎有了改变，"听话"的孩子变得性情古怪，脾气暴躁，不管父母说什么都不听，甚至还学会了撒谎，有时候还会逃课出去玩，学习成绩更是一落千丈！老师和家长都很惊讶孩子的转变，多次找她谈话都没有结果。中考的时候，因为成绩太差，以"分流生"的身份进了一所职业高中。

不久以前，她认识了一个男孩子，是一家理发店年轻的美发师，很快，他们确立了"恋爱关系"。这个消息对小嘉的父母来说无疑是一个晴天霹雳，他们怎么也想不明白，自己的孩子为什么会有如此大的变化？他们为了女儿呕心沥血，几乎是放弃了自己的所有，一心都只是为了孩子，就差把心掏出来了，为什么还会有如此结局呢？当知道女儿在恋爱时，他们采取了各种措施，但是都没有任何效果。前两天，为了不让小嘉出门，便将她锁在家里，结果孩子以绝食的方式来反抗，直到今天这种状况！

听了她父母的介绍，我感到这个孩子的确是有点异常，虽然青春期的孩子会有人生之中的第二个"反抗期"，有的孩子会出现和以前不太一样的行为，但像小嘉这种极端的情况还是比较少见的。其中肯定有我没有了解到的另外的信息。果然，当我听了小嘉自己的叙述之后，我为小嘉的遭遇而震惊了，对于她的转变也能完全理解了。

小嘉的自述

从小，我就是别人眼里的好孩子，父母对我的要求非常的严格，什么事情都为我安排好，甚至我到了中学都没有为自己选过喜欢的衣服，我几乎没有自己的意见。每天，妈妈都会告诉我今天要做什么，时间应该怎么安排，她会什么时候来接我，会告诉我什么时候该做什么作业，我没有一个好朋友，没有能谈心的人，小的时候还好，长大之后我就渴望像其他同学那样，可以自己逛街，买自己喜欢的东西，可以和他们一起出去玩，但父母却怎么都不愿意！

记得有一次，我看见我们班一个同学穿了很好看的衣服，是她自己选的，我好羡慕她，很想和她一起去逛街，因为我觉得她的欣赏水平很好，我花了好几个星期和她成了好朋友，她也同意和我一起逛街，那是我的第一个好朋友，我为此兴奋了好久，我为自己能有一个好朋友而高兴！但妈妈很快就发现了，她要了我同学的电话，打电话叫她今后不要和我一起玩，说她一天到晚只知道玩，叫她不要影响我！那个同学就再也不和我玩了！

有时候，妈妈也会同意我单独出去买点小东西，那是我最开心的时候，虽然只是在我家附近的小超市，但我终于可以独自去做一件事情了。可是有一天，我在逛超市的时候，发现妈妈居然在跟踪我，我忽然就非常地气愤！

从此以后，我发现，即使我不按他们所说的去做，他们其实拿我也没有办法。既然他们不要我交朋友，我就自己去找！我再也不想让他们管我了！这样很好的，我过得很开心，我不喜欢读书，以前都是他们逼我的，现在他们再也管不了我了！我的男朋友就什么都不管我，和他在一起我觉得非常地开心！明年我就16岁了，可以领身份证了，有了身份证我就可以找工作挣钱了！我就自由了！现在他们不许我出去，我总有机会逃的，出去以后就再也不回来了！我就自由了……

看到这个案例，有些妈妈会感觉其中的情节似曾相识吧？

对孩子的过度关心干涉导致了这样两败俱伤的结局，实在是让人遗憾。

　　该如何避免孩子的青春期逆反呢？这就需要我们做妈妈的首先要从自身找原因，找对自己的角色，对孩子把握一个关心的度。

　　每个人都有自己的人生，孩子再小也是个独立的个体，他有自己的思想，有自己的人生之路。我们是那样爱自己的宝贝，不容他有丝毫闪失。但这也只能是一厢情愿的美好愿望，他早晚要离开我们的羽翼庇护，飞向我们的目光也许不能及的高空。

　　世界这么大，我们才经历了多少，怎么能保证我们强烈要求他做的就是正确的呢？我们只能一边学习一边尝试，一点点总结经验，慢慢摸透孩子的脾气，尽可能提供建议让他少走弯路。但前提一定是尊重！

　　把孩子当作朋友。

　　这是很常见的一句话，但是做起来不容易。

　　很多家长放不下架子、权威，感觉自己要在孩子面前一言九鼎。如果让你像对一个朋友那样跟孩子说话，你能不能做到？

　　我从自己还是个小姑娘起，幻想有一天做了妈妈，就一定像对待朋友一样对待自己的女儿。现在无论做事还是说话，我都能够以平等的姿态与乖乖交流或共处，把她当作自己的朋友去尊重。

　　有一次我们参加一个湖边的宿营，在吃饭、扎帐篷的过程中我们俩之间说谢谢都习以为常，旁边的一个驴友却很奇怪地说："乖乖的妈妈递给她东西她居然说谢谢！她妈妈让她跑个腿儿也说谢谢，你们娘俩怎么这么客气啊。"

　　其实这对我们来说是习惯，也是彼此的尊重。很多家长支使孩子做事或者孩子支使家长做事都感觉理所当然，甚至有的颐指气使，这是很恶劣的习惯。我们应该教育孩子学会对身边任何一个人哪怕一个小小的帮助表示感谢，这不仅让她学会尊重别人，也会赢得别人的尊重。同样，这也是在心理和形式上把孩子作为朋友看待的重要的一步。

不要怕在孩子面前露怯，妈妈只是一个平常人，会犯错，也会吸取教训，妈妈这个角色我们只是在学着做，只要大方向是对的，孩子会给予你应得的尊重。如果哪里有错误，一定要及时调整更改，否则就会因小失大。

我过去的一篇日记是这样写的：

2009年10月

今天遇到一个邻居，埋怨我"你怎么老叫乖乖一个人去上学，也不送送她"，我很汗颜，给自己的懒惰找的借口是锻炼一下孩子。乖乖放学回到家告诉我，阿姨在门口遇到她两次，都骑车把她送到学校门口了。狂汗！我这个母亲当的，实在够失职的。乖乖说，妈妈我获奖学金的照片贴在走廊里好久了，你去看看吧，要不该撤下了。我一直在敷衍，终于良心发现决定去接孩子。

擦好自行车，我骑到乖乖的学校。教室里没见她，同学说可能去老师办公室了，我走过去，看到每天骑车带她回家的数学老师，表示无限的感激，我这当妈的还不如老师对她关心。正说着，看她从走廊那头狂奔过来，兴奋地喊妈妈，心里一阵愧疚。

走到校门口，她高兴地大声对几个门卫说"我妈妈来接我了"，看着她这样幸福的宣言，我的泪涌上眼眶。我居然失职到这种程度，偶尔来接一下孩子就能让她这样兴高采烈。乖乖是个很能忍耐的孩子，她只给我提过一次让我接送她，我用自己很忙的借口推掉了，她就再也没提这件事，反而是偶遇的邻居送她，住同一院的老师主动每天骑自行车带她回来。我没有想到的是她如此渴望我去接送她。其实想想也真是的，自己嫌累不愿意动弹，学了一天的孩子又何尝不是呢。她前几天提出要骑车上学，我这个粗心的妈妈就同意了，结果第二天就让摩托车刮倒了，胳膊腿也摔得血肉模糊，从此不敢提骑车上学的事。我骑车走这一路，才知道车水马龙路况有多差，我尚且要停几次车，何况小小的骑着坤车的她。心里万分内疚，亲爱的乖乖，我还能跟你朝夕相处几年啊，却这样漠视你的需求，枉妈妈还装模作样地给别人传授教育孩子的心得。从今天开始，妈妈要尽到一个母亲的责任，让我的乖乖没有遗憾。

2010年5月

乖乖拉肚子了，一会儿过来汇报一次，我这个妈妈一直说没事当减肥吧，直到我带她出去吃饭，看她实在撑不住趴在了桌子上，一摸头是发烧了。第一个冲动就是给谁打个电话，我一直生活在别人的照顾下，现在丈夫出差婆婆不在，怎么办哪？我对乖乖说咱们去外婆家吧，乖乖想了想说别去了吧，让外婆担心。正说着，爷爷来电话了，我赶紧给乖乖手机让她接，病恹恹的她赶紧强打精神用轻松愉快的语气说，你们好吗，我很好啊，放心吧，知道了，然后挂了电话。我不高兴，为什么不告诉爷爷啊，她不好意思地说别让他们担心了，我赖皮地叫：

为什么把所有的压力都加在我身上？！她赔着笑脸拍拍我，对不起了，给你添麻烦了。说得我很不好意思啊，我们的角色好像颠倒了呀，怎么我表现得这么自私啊？想想也是，我这女儿当的，生活中有什么风吹草动就回家哭诉，习惯了家就是那个为我遮风挡雨的地方，从未想过让父母少操心，让他们多些欣慰。家里大事小事都让丈夫顶着，从来没像乖乖这样乖巧地多替别人考虑，我还对她进行素质教育呢，今天让她给我上了一课啊。

2015年2月

乖乖感冒两周了，发烧的时候请了两次早自习的假又咬牙去上课，明明咳嗽得睡不着觉，每次奶奶打电话问，都会兴高采烈语气轻松地说：早就好了，一点儿事儿都没有了，你不用挂着了。见我接过电话，又口型示意我别跟奶奶提她发烧的事。就这么憋着，直到放下电话才爆发一阵剧烈的咳嗽。想起去年在国外，从乖乖爸那里得知她感冒，待她放学回来问她时却说没事好了。想来也是这般怕远方的亲人白担着心。

由于昨晚咳嗽没睡好，今天晚饭时乖乖就昏昏欲睡没精打采了，我劝她赶紧睡觉，她又挂着数学作业还没完成，挣扎着去写作业了。

小年夜家里聚餐时，外婆夸乖乖年龄小还考全级第一，生病了坚持上课，督促我和乖乖爸多关心孩子，列举人家父母如何接送孩子，送晚饭，等等，而乖乖一直自己早出晚归披星戴月，下雨刮风也汉子一样骑车冲回来，批评我们做得不够。乖乖忙替我们辩解说：爸爸妈妈做得够好了，我自己学习的事却让他们忙活给我做饭，让我全力以赴学习都不需要做家务，我们班农村的同学周末回家还得干活，还有同学的爸爸喝醉了酒骂孩子，我爸爸妈妈都没有给我过压力，我挺感谢他们的。

听一个不到十五岁的孩子说这样的话，我们俩都汗颜得不知道怎么回答了。

懂事的孩子，即使你学习成绩不好，即使你将来不过做一个普通平凡人，你如此体贴父母，也是对我们最好的感恩回报了。妈妈很愧疚在生活上对你照顾不够，所幸还能与你无所不谈做最好的朋友，把自己有限的人生经验尽数告诉你，只要你健康开心地成长，妈妈就是幸福的。

现在回头看看当年的日记，也深有感触，自己这个妈妈其实是跟女儿一起慢慢成长起来的。我把她当作了自己的朋友，甚至有时候我在给她诉说自己的不平心绪时把她当作了我的妈妈。这样不仅我这个做妈妈的轻松，她也得到了必要的尊重，产生"看来我很重要"的心理认同，形成自信性格。

在一个有足够爱与尊重的家庭里长大的孩子青春期不会出现多么出格的叛逆，妈妈需要在孩子小的时候就有意识地要求自己，维持良好的家庭氛围。

如果是孩子已经出现了比较严重的叛逆行为，妈妈就要好好分析一下原因，一定要站在客观角度先从自身找原因，认真诚恳地与他促膝长谈一下，如果是因为妈妈的原因，就要让他看到你的改变，表达你们共同努力的决心，必要时可以让孩子监督一下妈妈，别忘了，先放下父母的架子啊。

写给女儿的三封信

一个临终妈妈写给女儿的信

有一度我怀疑自己得了绝症，首先想到的就是女儿怎么办，在那种境况下我给女儿写了一封信。

亲爱的乖乖：

妈妈很多次跟你讨论过死亡的话题，这是人生不可避免要面对的一幕，妈妈知道你心里肯定很难受，但是你要知道妈妈没有离开你，只是居住在了天堂，在你需要妈妈的时候，妈妈的爱无处不在。

孩子，我猜想，妈妈不在了，爷爷奶奶外公外婆心里会更难受，因为你和爸爸还都会有自己的生活，他们的暮年里就只有怀念了，所以你代妈妈常安慰他们好吗？妈妈告诉过你如果爱自己的亲人就让他们感觉到，无论用行动还是言语，不要等到亲人不在的时候再追悔。妈妈没有任何遗憾，拥有你这么乖的孩子是妈妈这一生最大的财富，你始终孝顺妈妈，一如妈妈对你的疼爱。不管睡得多熟你半夜都会醒来问问妈妈病痛好点没有，只是因为睡前妈妈抱怨身体哪个地方不舒服；只要妈妈喜欢吃的东西，你总是懂事地说你不喜欢吃；妈妈情绪稍微低落你就会敏感地询问，极尽所能地逗妈妈高兴。别人问我你这样会不会太累了，只有妈妈知道你是善良的天性使然，没有一丝一毫的勉强和做作。妈妈不在的时候，你代妈妈去爱他们，好吗？

现在奶奶肯定更加溺爱你，她有表达自己感情的方式，我们不能横加干涉。但是孩子，妈妈相信你会把握这个度对吗？我知道你会更加出色，去回报老人对你的爱，让他们能够感到欣慰。这些道理你很小的时候就明白了。

爸爸心情也不好吧，你多关心他啊，他是这么爱你。爸爸妈妈也曾经轰轰烈烈无怨无悔地爱过。但是孩子，爱情只是生活的一部分，我们都不能要求别人用一生的幸福生活来祭奠年轻时纯真的爱情。生活还要继续，爸爸还可以遇到珍惜他的好女人替妈妈继续爱他，所以你也要体谅爸爸，让他开始他另一段的幸福生活。乖乖，不是所有的后妈都是恶魔，所以摆正你的心态去对待你的新妈妈。不用愚蠢地牺牲自己的时间给自己生活中竖一个强敌。爸爸在给你找新妈妈时肯定考虑到了她是否适合做你妈妈，所以我想她应该很爱你，这个世界上又多了一个爱你的人而已。但是乖乖你要知道，我们都是凡人，不可能做到永远公正，就像妈妈对别人的孩子尽管爱也不可能像对你这样细致入微，所以新妈妈有的地方做得可能会让你觉得委屈，如果她是一个通情达理、平和的人，你可以尝试跟她沟通一下，这个世界毕竟好人多，大家都想平静幸福地过日子。如果她个性比较强，你可以就事论事地跟爸爸交流一下，但不要带着情绪夸大事实，聪明的爸爸会好好解决的，你的目的只是为了更好地相处。但是说实在的，我的乖乖，妈妈还是很担心，你是那么善于忍耐，如果你很不幸遇到了一个恶毒的妈妈，你要学会保护自己。妈妈不知道你会遇到什么情况，只是一想象就痛苦得无法自抑，我一直捧在手心里的乖乖啊，你是否会为了爸爸的幸福忍气吞声？人和人是不一样的，如果你付出爱得不到回报就不要无谓地浪费自己的心意了。妈妈觉得你应该有足够的智慧去对待这只是万一可能出现的情况。不管怎么样，做快乐的自己，在任何境遇下都提醒自己积极向上，相信像你这样聪明又善良的孩子一定会过上幸福的生活。

乖乖，妈妈很庆幸已经给你养成了许多好的习惯。继续热爱阅读吧，腹有诗书气自华，我们在书中能汲取到许多现实生活中体验不到的生活经验。继续你的钢琴和舞蹈，女孩子的气质绝不是后天补救就能一蹴而就的，多学才艺会使你生活中的很多技巧都触类旁通。你已经会探索适合自己的学习方法，用最少的时间掌握最多的知识，尽可能提高学习效率，不要成为只知道死学的书呆子。上学时的学习成绩与日后的成功不成正比，但是确实是通往成功必不可少的途径。妈妈相信你会更加出色，始终找一个学习上的竞争目标，让自己快乐地学习并体会成功的喜悦！

继续享受生活，妈妈不能再带你出去感受自然，你可以让爸爸多带你出去。你长大了会有很多朋友，多跟朋友聚会，享受相聚的时光，每个年龄段都有可以珍惜的友谊，望你把握。我们从小到大，人生每个阶段都有重点，或是学习或是工作，但是享受生活也很重要，学好玩好，永远不要让自己后悔曾有的一段岁月被蹉跎了。

乖乖，从妈妈走了的阴影里早点走出来，这个世界那么美丽，等着你去探索感受，妈妈在天堂注视你，看你成长的一点一滴。还记得小时候妈妈告诉你的话吗，想妈妈了，就看看天空里最亮的那颗星，那是妈妈注视你的眼睛。

妈妈爱你，永远永远……

妈妈

某年某月某日

当然，很幸运我依然健康地活着。但是写给女儿的信是我总结了自己半生的经验恨不能倾囊相授盼她能够幸福快乐的肺腑之言，正如张无忌的妈妈临死前对他说："越是漂亮的女人越会骗人"，母亲临终前最牵挂的大抵都是孩子一生的幸福吧，所以才会把内心最深的感触留给孩子。

出差途中写给女儿的信

乖乖：

今天妈妈听了国家杰出青年科学基金获得者李春忠教授讲授的"纳米技术的发展"，有些感想与你交流。

一直以来，妈妈的生活态度都对你有着潜移默化的作用。认为女孩子不用建功立业，不用奋发图强，能够在这个社会安身立命就足够了。所以在人生观上从未给予你积极进取的教育，始终告诉你玩着学就可以了，完成作业就万事大吉了，不要占用任何享受生活的机会。

今天，年近四十的妈妈才知道自己大错特错了。我们平常所谓的享受是纯物质的小享受，无法满足精神的追求，这就是为什么我们总会感觉空虚无聊的原因。跟大科学家们接触才知道这个世界上有更高层次的享受。不像以前井底之蛙的妈妈所想的吃喝玩乐是享受，享受完全可以与事业爱好结合在一起，在刻苦钻研中体会一种精神满足的愉悦。

朝闻道，夕死可矣，我们知道得不算晚，只是妈妈很愧疚，当你还是一张白纸时我就任意地以母亲的角色自以为是地给你涂上了一些贪图享乐不求上进的色彩，对不起，我的宝贝。

一直以来，我们都沾沾自喜着自己的小聪明。其实这个世界上具有大智慧的人比比皆是。即使一些资质不佳的人也能通过后天努力在某一个领域有所建树。成功的概念不是迁就世俗目光的发财、做官、享尽荣华富贵，而是在自己喜欢的专业领域内辛勤付出并有所收获，尽情享受给社会和自己带来的成就感。不仅享受结果，更应该享受的是挥洒汗水的过程，这才是人生应该追求的。

以前我们交流过，吃喝玩乐后心里会很空虚，那是因为我们还没有接触到高层次的精神享受。这不是想做到就能做到的，首先要树立美好的理想，自己再一步步去攀登。

今天国家自然科学基金委员会的孙宏伟处长提到一个普遍现象，就是二三十岁是事业的蓬勃发展期，到四十岁就开始下滑，所以珍惜自己的青春年华何其重要，不能只流于口号。现在想来，古语所云"劝君莫惜金缕衣，劝君惜取少年时"是多少先贤们总结的金玉良言啊。只是愚蠢的我们领悟得太晚，只因为我们是太普通的人了。

这个世界很大，有许多思想和态度是我们偏安一隅所不能体会的，希望你能珍惜自己的生活学习环境，珍惜自己还算聪颖的天资，端正好心态展翅高飞。

妈妈愚钝，人到中年才能对人生稍有体会，特写给即将成为高中生的你，与你共勉。

妈妈送给女儿十二岁的生日礼物

亲爱的乖乖：

　　时间过得真快，好像是昨天你还一身乳臭奶声奶气地叫妈妈抱，今天你就成了比妈妈高一头的高中生了。你对礼物一直不是多热衷，妈妈想来想去不如把这封信当作礼物送给你吧。都是妈妈的人生经验，迫切地想与你分享，让你少走些弯路，能够更加幸福快乐。

无欲则刚

　　妈妈越来越深刻地体会到这句人生哲理的精妙，这是一种人生态度，尤其是为人处世上。你现在交朋友希望朋友对你多好，你总会失望的。将来你会遇到心仪的男友希望他能爱你到地老天荒，那你也会失望的。

　　所以如果喜欢一个人，你就对她好就行了，你心里把她当朋友只是因为你喜欢，她怎么对待你你都不要想了，这样当她对你好时你会欣喜，她冷落你时你也不会失落。一个男人爱你时肯定对你百依百顺呵护有加，甚至让你感觉超过了父母，但是这都是阶段性的，雄性的本能使他们在追逐的过程中伏低做小，在得到后感到淡淡的厌倦，无关乎品质，个人的教养使这个过程的时间长短不一而已。

　　所以当你爱的时候你就享受爱情的美妙，但是不要奢望天长地久，大部分的人能白头到老，然而却不是"从此王子公主过上了幸福生活"。现实生活中总是有落差，如果没能牵手他就转身离去了，你当感激他及早抽身，没使你陷入一段不成功的婚姻，但是不要去凑合一场没有爱情的婚姻。这个世界这么大，好男人好女人太多太多，你总有一天会遇到自己心爱也爱自己的人，不带太多要求地去爱你就可以不受伤害。

看到很多为爱情寻死觅活的青年男女，妈妈觉得他们很愚蠢。爱情是生活中很重要的一部分但不是全部，殉了这段情后你就永远不知道远处曾经有多么好的风景，曾经有多么美好的男孩子或女孩子在逐渐成长到足够美丽地等待你，一如今天妈妈对你的培养。

做快乐的自己

现在是你性格形成的过程，妈妈会小心翼翼地指点你如何完善自己。当你成人后，你也要学会不断地在书籍和世事中总结经验，独善其身。

但是，不要为哪个人做无谓的改变，你可以变得更好，那是为了修身养性，不是为了讨某个人的欢心。你是一个独立的个体，跟任何人相处都会有磨合，你无论怎样把自己放低到尘埃里都不会百分之百地称某个人的心。所以把握自己快乐的心情最重要，在你曾认为最重要的人和事都离弃你时，你也可以收拾好自己的情绪向前寻找更好的风景、新的世界。

记得妈妈曾经跟你探讨过死亡，有一天爱你的爸爸妈妈爷爷奶奶都会先你而去，你会很伤心彷徨，这是人之常情。但是不要沉溺于此，每个人都有自己的人生，不要让别人影响你太多。你会有自己的家庭和子女，会有新的爱和被爱，新的责任和义务，时刻记得做快乐的自己，妈妈就放心了。

感恩

乖乖你一直是个善良的孩子，爱家人爱朋友爱老师爱同学爱这个世界，你一直在温柔地对待每个人甚至小动物，这一点妈妈很欣慰，因为你一直都懂得感恩，上帝给了你一颗感恩的心，这将是你幸福的源泉。因为幸福也不过就是我们自己的感觉罢了，时常感恩，你会觉得自己很幸福。

不断地学习

自学能力的培养非常重要，你要学会如何高效率地去自学，因为这是我们终生的生活重点。只有不断地去学习，才能有足够的智慧去应对生活中的空虚与不测，让自己真正充实快乐起来。

现在的学习成绩、将来的工作，这都是外在的表现形式，在不断的成长中找到自己的特长，发挥它并能惠及他人，你就是一个成功的人了。

乖乖，妈妈是一个普通的母亲，尚无大的希冀，你在健康快乐的基础上能扬长避短有利于社会就是妈妈最大的希望了。

妈妈很感激这个世界上有你，也无悔于作为母亲而为你的付出，看你如此优秀，妈妈非常欣慰，生日快乐，我的宝贝。

第四章

渐行渐远的剥离

—— 孩子成人后的母子关系

面临高考

相信每个家庭都会经历孩子高考前两年的紧张生活，很多家长除了做好后勤保障，就是变着法子督促孩子好好学习，告诫他们如果考不上大学就会怎么样云云。

其实这段时间孩子们在学校的压力已经非常大了，若家长能够在学业上应孩子要求帮她们补习固然很好，若没有这方面的能力，就不要过多地唠叨孩子应该怎么样，不如做好孩子的生活保障，多陪伴孩子，注意创造和谐轻松的家庭氛围。若孩子真有不尽如人意的情况，咨询专业人士、全家统一意见跟孩子好好沟通一次，根据孩子的学习情况做好规划，做好思想工作，而不是一遍遍无意义地督促和吓唬，不是盲目地要求孩子一定要达到什么不切实际的目标。

每个孩子不一样，有的孩子需要家长约束，有管教就会态度认真，而有些孩子压力越大效率越低，明明一直在学习可是成绩就是提不上去，家长不要仅凭经验直觉推断原因，可以跟老师请教分析一下，有针对性地跟孩子交流，了解他们是否需要找人补习短板的学科，是否需要寻求一些学习方法和技巧上的帮助，直接告诉孩子：爸爸妈妈很想帮助你，你有什么需求务必说出来，让孩子感觉到家是真正的休息的港湾。家里没有必要小心翼翼地除了学习不谈任何事，带孩子去公园散步、打球，全家一起唱歌、下棋，都是很好的休闲。让孩子明白学习效率的重要性，不用长时间地埋头苦学而身心俱疲。家庭保持一如既往的轻松气氛，别强调特殊性，妈妈要做到内紧外松，一边做好力所能及的事情，一边也要注意给自己解压，几乎每个人都经历过的高考，也没有什么大不了的。

这段时间家长还可以有意识地培养孩子即将面对的独自在外与同学生活应注意的事项，比如保持个人卫生，提高个人素养，起居时间照顾大多数同学，公众场合打电话不要粗声大气，不跟同学攀比日用品，等等。大学宿舍里因为此类事造成的矛盾太多了，我们先从约束自己的孩子开始，不要等到出现问题了再追悔莫及。

乖乖高考前一周接到通知要作为毕业生代表发言，家里其他人的意见是让我代写发言稿，怕耽误乖乖的时间。我跟乖乖交流了一下，统一意见认为高考不是高中生活的终极目标，能够作为毕业生代表在典礼上发言，是一生值得回忆的精彩瞬间，人的一生有许多经历，高考只是第一个必须跨过的门槛而已，不能因噎废食地忽略本该多姿多彩的高中生活。乖乖从网上查阅参考了一些资料，利用睡前时间匆匆写了发言稿，既是对自己高中三年的总结，也是即将面对高考的壮行。靠自己的拼搏打造生命的精彩，多年以后再看一看自己成长的足迹。

尊敬的老师、亲爱的同学们：

很荣幸能够作为学生代表在这个意义深远的特殊时刻发言。首先请允许我代表高三全体毕业生发自肺腑地表达我们的感恩之情。

感谢母校。泰中三年的洗礼，磨去了青春少年的轻狂肤浅，造就了有志青年的沉稳果敢；褪去了懵懂腼腆的天真稚气，张扬了砥砺自我的坚定理念！这是浸透了我们心血的充实的三年，也是见证了我们团结奋斗的难忘的三年。这段时光、这片土地、这里的一切，给了我们勇气和执著，青春和骄傲，光荣和梦想！我们即将带着母校的期望走向四面八方，在以后的人生中会坚持不断地学习，相信梦想成真的日子，我们会在泰中的历史上写下浓墨重彩的辉煌篇章。

感谢老师。一支粉笔，两袖清风，无私奉献，不求回报。老师是我们学习道路上的指引者：他们引领初学的我们学习基础知识，举一反三，融会贯通，登堂入室。大爱无言，是他们给予我们自信，是他们给予我们希望，是他们见证了我们的成长。谢谢老师！这个朴素又高贵的称号，您们当之无愧。

感谢父母。世界上有一种工作，每天要工作24小时，没有任何报酬，但工作者却心甘情愿，全力奉献，他们是父母。三年来我们在埋头苦读，他们在无怨无悔地做好一点一滴的后备工作。所有精心准备的一日三餐，所有让我们一度烦恼的唠叨与埋怨，无论以哪一种形式表现，都是对我们无言的爱与期盼。

感谢同学。当时间的年轮再次转到六月，我们已站在了惜别的十字路口。纵使有不舍，纵使有留恋，我们不得不道一声再见。曾经的三年，有我们失意时心酸的泪水，也有成功时喜悦的欢笑；这里有颓丧时朋友的鼓励，也有奋起时豪迈的誓言。在这三年中，我们既收获了知识，又收获了友情。我们更学会了如何做人，如何交往，如何成长。也许有过磕绊，也许有过矛盾，然而，更多的是谦让、宽容和关爱。我们一起走过春夏秋冬，一起品味酸甜苦辣，一起追逐梦想不轻言放弃。

最后还要感谢自己。高中，或许并不是人生最精彩的部分，但它却能决定你一生的精彩。高考来了，没有像以前所想的那般惨烈，没有战死于书山题海，马革裹尸，有的是对学习方法的重新调整，是对自我的重新定位和对生活要义的重新审问。康德说：你不能改变风的方向，却能改变帆的方向。三年寒窗苦读，回首往事，多少次挫折与失败都没能打倒自己，多少次苦痛都已经咬牙熬过。峥嵘岁月中，得失寸心知。这是一段可喜可歌、可叹而又可忆的日子，付出了就无愧于心，无论是失败还是成功，是失落还是荣耀，热血少年，当怀抱理想，下定决心，一路向前：前方是顺境则受之，你当之无愧；前方是逆境则抗之，扼住命运的咽喉，伟大的人格总在与命运的抗争中体现！

一年前，我们还站在操场上，为即将实现自己理想的学长学姐们用力地鼓掌；

一年后，我们，也走上了同样的起跑线，接受着大家的鼓励和祝福，记录下属于我们的回忆；

青春，是一本太仓促的书。高中的生活，一千多个日夜，正如一千多页精彩的书卷，每一页都是追逐梦想的激昂文字。

同学们，今天的毕业典礼不是庆祝结束，而是欢呼开始，不是纪念完成，而是宣告超越。我们2015届全体高三毕业生郑重承诺：今天我以学校为骄傲，明天学校以我为自豪。

灯也许能照亮前行的路，但路永远不会有人替你走。今天我们要挥别母校，迎战高考，高考只是我们人生必经的一个阶段，它并不像我们想象中的那么可怕，只要我们乐观面对，一切都能熠熠生辉。"长风破浪会有时，直挂云帆济沧海！"预祝各位同学都能考入自己理想的大学，相信自己，笑迎高考！

孩子上大学后

乖乖高考算是发挥正常，没有实现她想去清华跟施一公读生物的梦想，但是却去了改革前沿的南方的一个大学，那里办学条件非常优越，十五岁的她得到了个性化的发展空间。

我一直记得当年老父亲送我到学校，离别时我哭着拉着他的衣袖不放，心里的惶恐至今记忆犹新。之前想象过无数遍乖乖上大学和结婚时我是如何地泪流满面，那时单纯只是想一想就已经心痛得不能自抑。但是真正面对与孩子人生的第一次分离时，却被她不知道是不是刻意的没心没肺给喜剧化了，这是当时的日记。

2015年9月

前晚乖乖的老乡兼同学离开妈妈时一直不停地哭泣，我们在旁边看得心酸。

昨天乖乖爸先行出差了，没来得及好好跟女儿告别，坐在火车上又发过来信息：渐行渐远，却从来没有这么悲凉，感觉人走了，心留下了，我的宝贝乖咪，祈愿一切如意、平安健康。

晚上乖乖到公寓来跟我住，我絮絮叨叨地重复自己过去不屑的唠叨话，娘俩又笑闹了一番，直到乖乖话说到一半就睡了过去。我按摩着她脊柱上的穴位，就像她小时候我每次哄她睡觉一样，什么时候，她已经从那个肉乎乎的小胖孩儿变成了亭亭玉立的少女。

早上五点半闹钟响起，乖乖睡眼惺忪地呆坐，我急匆匆地催她别晚了六点的军训集合。南科大的军训很人性化，一共九天，只在早上和晚上训练，怕孩子们中暑。

快到操场时我拥抱住她，高高的她拍我一下以示安慰。昨天爷爷奶奶在微信上叮嘱她别想家时，她说：我才不会想家，我很喜欢大学生活，就是担心你们想我。

我想送进操场看看，她拦着我说：妈妈，别有损我的威望。呃，正在我迷惑这个十五岁的小屁孩儿在比她大三四岁的同学前何来威望时，她潇洒地挥手走了。看着那个向着朝阳走去的飒爽英姿的女孩儿背影，所有的离愁别绪顿时烟消云散，我知道乖乖其实是个很细心的女孩子，她不想让妈妈伤心担心，才让我们的离别充满了喜剧色彩。

昨天乖乖爸一直叮嘱不要当孩子面掉泪，果然没有啊。

乖乖的大学生活开始了，人生最美好的年华，乖乖定然不会让我们和她自己失望。

加油宝贝，向前跑！

大概每个孩子的大一都是美好的，有次跟乖乖同学的妈妈聊天，说到乖乖这么小就离家万里起初让她娘俩都很挂心，没想到那个小孩儿还在大学混得风生水起，她对我说道：

家里养了一盆桂花，每年开那么两三朵，都让我们惊喜期待。前一阵子因为出差没法侍弄，索性移到院子里任它自生自灭，结果出差回来惊奇地看到开了满树的花，几米之外就闻到清香。你说孩子不也就跟这花一样吗？你不管她了，她就会学着自己去调节，用最佳方式去竞争去生长。

可不是吗？

我一直怨乖乖爸爸只会陪她瞎玩，对生活学习从来不管不问，现在看来她能这么快独立并适应大学生活，她爹的"无为而治"也是塞翁失马焉知非福啊。

父母在素质教育上多把握，细节上少干涉，对孩子来说应该是一件幸事。八月桂花香，愿孩子们都如这花树，吸取阳光雨露，自我滋养，开出满树繁茂的花。

孩子刚开始去大学，对很多家长来说有一个较长的适应过程，一下子心里空落落的，而孩子们一下子接触崭新的生活，根本顾不上回复家长们的各种担心，因此很多家长都在群里互相安慰，下面是乖乖大一时我写给她的一封信。

亲爱的宝贝：

我不经常进家长群，是因为知道自己太敏感脆弱，那些家长们对孩子们的忧虑担心，总是让我从刻意的自得其乐中再次牵挂小小的你远在千里之外与比你大几岁的哥哥姐姐们一起头悬梁锥刺股为自己的明天拼搏努力。

一个去探望孩子的家长发上来偷拍的孩子们的照片，一群潜水的家长就会迫不及待地去从那些模糊的人影中寻找自己最牵挂的宝贝，看不清脸就凭着发型体型去辨认是不是自己从小生养的那个骨肉。一想到这个场景我就忍不住泪流满面，何以我们都如此不由自主地去自作多情，实在是因为你们总是在忙，回答最多的就是在做作业、赶最后期限，我们小心翼翼地不敢打电话、习惯了发出信息好久才收回几个字。

你告诉我不要不经过同意就随便拍同学们的照片，你说同学们会觉得那样不礼貌，我只好只拍梦雅的照片，当我把照片发给她妈妈时，她总是由衷地说谢谢，而我，又忍不住要掉眼泪了。当你们强调个人隐私讲究礼貌时，我们只想看看自己宝贝的脸！

今天是母亲节，有孩子打电话发信息的妈妈们都很欣慰，有收到礼物的简直就是喜出望外欣喜若狂了，连收到孩子一张小卡片都忍不住在各种群里秀一下；对比孩子生日时，我们交流如何做成长相册、如何给孩子祝福、如何千里迢迢去看一趟，妈妈们是不是太容易知足了。

有一次学生笑我："老师您这么年轻就成了'空巢家长'了。"那一刻我突然体会到前所未有的凄凉。

好像是昨天，你还伸出小手奶声奶气地说妈妈抱抱，好像是昨天妈妈还在哼唱着哄你入睡时的歌谣，怎么你突然就远隔千里了，而这场别离是无法阻挡地渐行渐远，我们心疼义骄傲地看着你们展翅去飞。

亲爱的宝贝，你们专业知识的掌握已经远远超过了我们，你们已经有了自己的人生观和世界观，你们已经不再需要妈妈的指引。但是请记住不管你们飞多远，总有一个人深深地牵挂着你，想你冷了饿了累了怕了，想你会不会在遇到困难、在孤单寂寞的时候想妈妈。一边不想让你们在学业之外再有生活压力还要挂念家里，一边又期盼你每天能跟妈妈交流分享你的生活。我们是多么矛盾而又焦虑的一个群体，才会在家长群里讨论其实根本不由我们做主的你们的每个生活学习细节，希望你们在"水群"的时候也会随手给我们发上几句话。

父母的爱是何其卑微啊！等你们做了父母就能体会我们今天的感受，而当年的我们又何尝不是这样走过来的。

妈妈很想对你说一句话，不管你现在、将来做什么样的事、遇到什么样的境况、经历什么样的感情，妈妈是你永远的心灵港湾。

爱你的妈妈

做好思想准备，孩子开始他自己的人生了，妈妈需要做的就是体面地转身，过好自己的生活，对他将来的小家庭一定不要过多干涉。

孩子刚上大学时，家长群里大家都在交流孩子离家返校后的失落心情，起初我也有那么几个瞬间的凄凉，如果按照时下对"空巢家长"的定义的话。

然而阳光这么明媚，我们为什么要郁郁寡欢作茧自缚？为准备课件，上网搜了些搞笑的段子，自己在家里像个傻瓜一样哈哈大笑，随手转发给了乖乖，她回复：妈妈你真可爱！

我希望她在学校快乐健康，想必她也希望我是个快乐健康的老妈，不唠里唠叨，不焦虑烦躁，不隔着千里通过网络指挥包办，不让她担心妈妈由于担心她而坐卧不安。

申请课题、写论文、准备课件，按照难易程度，根据自己心情劳逸结合，累了就拖地浇花，阳光透过落地窗洒满房间，心情特别愉快。

跟孩子在一起时就好好享受亲子时光，大家分开后就各自过好自己的生活，都做好快乐的自己就够了，何必要去杞人忧天？对其他的亲友亦如是，过好自己的生活就是对别人最大的负责。

今天你是否很充实快乐？

考研？工作？恋爱？孩子大学生活的十字路口前妈妈扮演什么角色

之所以拿出这个话题来写，是因为作为大学老师我经常遇到学生或者家长讲述的亲身经历。

有个学生很痛苦地说："我根本不想考研，父母非逼着我考，说亲友、同事的孩子都是硕士、博士，可是我并不适合读书，我喜欢销售。"另一个学生恰恰相反："我爸不允许我考研，他说女孩子读这么高文凭不好找对象，不如早点工作。"还有学生说："当年考大学专业是家长硬逼着我选的，说好找工作，可我自己一点都不喜欢这个专业，考研我想换专业。"经常有家长问我："孩子要考研，我们需要准备什么啊？"

其实家长需要准备的就是支持鼓励就好，我们的眼界不见得比孩子高，做出的决定不见得正确。若孩子没有主见，妈妈可以跟孩子一起分析一下他适合走什么路，不要随大流，也不要盲目根据自己的经验去判断哪个专业的好坏，可以多请教这方面的专业人士。硬逼着孩子做不喜欢的事，也是那么多研究生自杀、抑郁的主要原因之一。若孩子没有征求你的意见，这说明他对自己的人生有规划有主见，妈妈可以关心，但不能指手画脚横加干涉。孩子们有学长和同学们的经验，接触的专业规划及细节问题比妈妈们要多得多，他们自己完全可以应对，不需要妈妈无谓地操心忧虑。

有些家长莫名其妙地定一些不允许孩子在大学期间谈恋爱、不允许找什么家庭出身的、不允许找外地的恋人之类的限制实在太不明智。很多人一生都没有尝过爱情的滋味，苦苦追寻尚且无果，何况遇到后被棒打鸳鸯，由此郁郁终生甚至从此不嫁不娶的也大有人在。妈妈们的出发点都是为了孩子好，但是给孩子画这些条条框框未免目光短浅了。有些妈妈说："我女儿一直捧着养，若嫁个家境贫寒的得受多少罪啊。"但现实生活中寒门出来的成功人士比比皆是，烂泥扶不上墙的"官二代""富二代"也为数不少。

当然，婚姻讲究门当户对，以减少将来因三观乃至生活习惯不同而造成的摩擦，也有一定的道理，这些都需要在孩子成长过程中潜移默化地影响，让他逐渐形成自己的择偶原则，而不是等孩子已经有感情了再去做划银河的王母娘娘。

所以，当孩子走在人生的十字路口需要你引导时，一是分析孩子的特殊性，找到最佳路线，二是请教有经验的亲友，当然最重要的还是平时多积累，最好与孩子共同学习，共同成长。若孩子不需要你指点，就享受自己的生活，只提供爱、鼓励和祝福就行了。

第五章

作为母亲

作为妈妈你合格吗

好多事业成功的女强人哀叹自己没有时间陪孩子成长，只有用金钱来弥补，结果造就了一个个叛逆、愤世嫉俗的问题孩子。网上有人做过调查，沉溺于网络游戏的孩子绝大部分是没有家庭温暖的孩子，他们在现实生活中得不到爱的满足，只有从虚拟世界中再去寻求。

有这种问题儿女的妈妈们先从自身找一下原因吧。

我不知道那些沉下脸来呵斥自己孩子的父母是一种什么心情。孩子的每一步成长浸透着我们的心血，他们的所有言行都是在我们的监管下点滴汇成的，做母亲的你是如何忽视他们最初的苗头让他们形成了如今使你大动肝火的行为举措的？言传身教的过程中你在起着任何人都无法替代的作用，现在孩子忤逆了你把所有的责任都强加在他们身上，历数着你曾经辛勤的付出，悲哀着他们何以如此忘恩负义。你忘了当年他们纯真的笑脸，他们时时寻找你的目光，他们伸向妈妈的小手，是什么使他们变成今天的漠然，你是不是该回头找一下最初的源头？

我们可以从下面的小故事中对比一下自己的做法，看看我们做妈妈是否合格？

有位科学家小时候的一天，他从冰箱里拿出一瓶牛奶，结果没拿稳，牛奶瓶打在厨房的地上，摔碎了。妈妈听到声音，来到厨房，见瓶子摔碎在地上，牛奶流了一地，说了一句话："你从来没有玩过把牛奶瓶摔到厨房的地上是什么样的吧？那只要你注意安全，你的手不要被玻璃划破，玩一会吧。"孩子玩好了之后，妈妈对他说："你可以选择用抹布、用海绵或用拖把来把地板打扫干净，你选择用什么工具呢？"他就选择了一样工具把地板擦干净了。之后，妈妈说："看来，是你的小手拿不住这个瓶子。来，现在我们到院子里去，练习用你的小手拿瓶子怎么样拿得稳。"

这位科学家从小是被母亲"好的回应"教育出来的。打翻牛奶瓶，在很多家长看来孩子是犯了一个讨厌的错误，却被这位母亲先变成一个创新的游戏，再变成锻炼孩子学会做家务的一个实践，又变成一个重要的、孩子如何拿稳牛奶瓶的能力训练。在这些好的回应的背后我们看到这位母亲的智慧。本来是孩子犯的一个错，母亲的回应把它变成了充满乐趣的游戏和让孩子成长的机会。这才是最为关键的。

想一想孩子从小到大带给我们的"麻烦"和我们回应的斥责，你如何舍得再去斥责他们？他们还要跟我们在一起生活几年？上大学后就要开始自己的生活，我们会成为他们的责任让他们回家陪伴，却不再是他们离不开的感情港湾，即使他们有了孩子知道了母亲的重要性也不见得能够幸运地守在父母身边。

经常听到朋友说让孩子气死了、家务活累死了，希望他们快点长大，我不敢苟同。我珍惜着跟女儿在一起的每一天，想把她需要的所有的爱都丰盈地送给她，跟她一起经历成长的点点滴滴。

天下所有的母亲都是这样的想法，不过是表达方式不同罢了。

爱孩子要有理智，有原则。既然做了母亲就要尽力去做一个合格的母亲。

别拿家长的权威当回事儿

一个妈妈曾经给我分享过她的女儿为什么不敢不听她的话的心得："她小的时候，我说几点睡觉必须执行，如果耽误了她自己要负责任。她五岁的时候，有一次她爸爸出差回来给她买了一个很贵的电动娃娃，她玩了很久还没玩够，我告诉她九点还不睡觉的话，我就把她的娃娃泡在水池里！"

结果呢？我问。

"结果我把那个娃娃泡在水里了！"她带着破釜沉舟又少许自得的神情告诉我。"她不相信我会把这么贵的玩具毁掉，我就做给她看！其实我也很心疼，但这是立规矩树权威的时候，几百块钱给她买个教训！从那以后她再也不敢不听话了，她知道妈妈说到做到！"

这个妈妈非常注重她在家里的权威，这件事也确实使她在家里"扬名立万"了，但是我们来分析一下这件事对她女儿的实际影响：

第一，我妈是不用讲道理的，她在家说一不二，我必须得听，即使我再不开心再不快乐也得屈服她的决定。物质、精神享受，这些都不重要，重要的是妈妈的决定。

第二，生活的重点是听话，不听话就没有好果子吃，尽管我不知道为什么，也要听话，否则我就保不住我心爱的东西。

第三，我不用枉费心思去争取什么，一切都是妈妈说了算，我争取也是白费时间，所以什么都听她的就行。

第四，有一天我也要如此有权威，不管在单位还是在家里，不用说理由，只要我愿意。

我有一次去一个英国人家里吃饭，那家的妈妈是一家公司的业务主管，是个说一不二雷厉风行的人。那晚她的女儿吃不下盘子里的青豆了，一直哀求地看着妈妈，她坚决不同意，强硬地要求孩子必须吃掉，没有理由！孩子干呕、哭泣、哀求、强调她如何吃不下去了，都不行，当着我们几个客人的面，她严肃地要求孩子吃光自己盘子里的食物。我不知道她是什么心理，在客人面前显示她家教甚严还是觉得如果孩子不照做她的权威就受挑战了，总之，最后孩子抽泣着把盘子里的东西都吃光了，她若无其事，我们做客人的觉得非常尴尬，没想到在普遍被认为民主的西方家庭也会遇到这种情况。

我不知道那些妈妈这样的做法有什么意义，就是让孩子知道家长的权威不容侵犯？

孩子那么小，她们没有足够的力量和胆量去反抗家长，这就是妈妈可以耀武扬威地展示自己权威的理由？虽然没有责骂痛打，但是这跟那样又有什么区别？

当然你若是较真地跟我争辩那些在部队锻炼的孩子怎么样，我会不得不承认没有规矩不成方圆，强权也有有利的一面。但是我们面对的是一个还没有成熟到可以自由选择意愿的弱小的孩子，是在自己家里，我们作为成人遇到自己心爱的东西也会沉迷喜悦，也会有自己不喜欢吃的东西，凭什么大人就能强硬地剥夺孩子的这种权利？

孩子玩好玩的娃娃爱不释手，妈妈可以跟她一起分享喜悦："妈妈看你这么开心真高兴，以后她就是你的好朋友了，你要学会好好照顾她啊。你看玩了这么久了，她肯定累了，到咱们家第一天就让她这么累她心里可能会不高兴。再说如果你睡觉太晚了，明天没有精力跟她玩了怎么办啊？晚上你带她一起睡吧，记得悄悄给她讲个故事啊。"

这样的结果是女儿保持了喜悦的好心情，又让她学会去照顾弱小，还能锻炼她的表述能力，家里也不会有一笔小损失，娘俩还同甘共苦，何乐而不为呢？

对于不爱吃某种东西的孩子，如果仅仅限于一种两种，而这又不是日常营养中必不可缺的，那就任他不吃好了。如果是挑食的孩子，除了家长费心思变点花样外，还有许多开导的方法，何必为此大动肝火地强迫孩子必须遵命呢，这固然在客人面前树立了自己作为一个母亲的权威，可是孩子的自尊谁去顾及？

我们能跟孩子真正在一起的时间也不过十几年，此后他会有自己的生活，他们依赖我们的这段时间，让我们好好珍视他们幼小纯真的心灵，不要愚蠢地维持那所谓的家长的权威。

孩子会长大，他最终会认识到自己的母亲究竟是什么样的人，他对你发自内心的尊重不是靠我们疾言厉色不讲道理地树权威得来的，而是母亲对他深深的爱及个人拥有优秀的品质激发出来的。

我是个比较感性的人，在乖乖面前没有一点架子，我会告诉她我的无力、错误、愚蠢及教训，甚至会在她面前大哭一场、倾诉一番（当然我们家的情况大概比较少见，这是我跟其他妈妈们交流才发现的，也许是因为乖乖太懂事，我始终把她当大人看待，而她也能给我正确建议，能给予我安慰的缘故）。但是乖乖始终非常尊重妈妈，有问题都跟妈妈商量，也能听得进去妈妈的意见，当然前提是我也非常尊重她，从未把家长的权威当回事儿。

从现在开始，把家长的架子放下来吧，平等地对待自己的孩子，让他发自内心地尊重自己的母亲。

好好说话的妈妈

我住在大学的家属院里，有天饭后散步听到二楼一个妈妈在给孩子辅导功课，不知道是男孩女孩，因为听不到孩子的声音，整个楼道里响彻的都是这个妈妈歇斯底里的吼叫："这个题说了多少遍了，你说是先乘除还是先加减？！你听到了吗？大声说！你怎么算的？你怎么算的！你长没长耳朵？你成心气死我是吗？你听见了吗？大声回答我！到底是先乘除还是先加减？"我一边可怜孩子一边走下楼去。二十分钟后我接到一个电话需要回家找资料，一进楼道就听到那个妈妈已经濒临崩溃的怒吼："先乘除你为什么还这么做？先乘除你为什么还这么做！先乘除你就先乘除啊，你为什么又先加减了！"我感觉到这个妈妈已经要哭了，二十分钟了，娘俩还在纠结那道题，那已不是题怎么做的问题，而是一个妈妈纯粹在宣泄，她的目的已经不是让孩子学会这个解题技巧，而是在宣泄对孩子的失望和不满。

我们可以设身处地地想一下那个孩子的处境，如果是我们，面对一个比我们强大得多的成人这样吼自己，本来会的东西也会吓忘了。

孔子讲孝道时说"色难"，其实我们做妈妈的对待孩子也是这样，首先要有我能做到和颜悦色的态度。

有的家长说："我做不到，我本来下决心要好好对待他，可是他一磨蹭一不听话我就火冒三丈。"其实我们做家长的还是有点势利了。我们都知道即使你对领导再不满也不能对他吼，因为轻则被穿小鞋重则被辞退，再难忍我们也都能忍住，怎么面对自己的孩子却忍不住呢？因为我们的犯错成本太低了，孩子那么小，他明天也许就忘了我们打着妈妈的名义对他进行的伤害。

其次是我们在对待孩子的态度问题上首先要明确自己想达到的目的是什么，我需要在五分钟内让孩子掌握这个知识点，那就不要用二十分钟去发牢骚，不要提及之前你怎么样犯错之类的无意义的负能量的话；我需要在十分钟内给孩子讲明白这个道理，那就不要用一个晚上去暴跳如雷，不如心平气和地告诉孩子应该怎么做，或者启发、引导他自己得出结论，掌握道理。

很重要的一点是降低自己的声音，这是有修养的妈妈必备的态度。有理不在声高，妈妈们尝试一下降下声调温柔平和地对孩子说话，你会收获一个不一样的孩子。没有哪个孩子能不喜欢妈妈的温柔，这样不仅能够维持家庭良好的氛围，而且还会影响孩子为人处世的态度乃至性格，对他们来说会终生受益。

妈妈们还需要掌握说话的技巧，要好好说话，不要对孩子冷嘲热讽。学会明确表达你的目的，如"妈妈希望你能在每天按时完成作业的基础上再提高一下效率，省下来的时间你可以自己安排"，而不是"你觉得完成作业就万事大吉了，你看你天天磨蹭到十一点，你班某某妈妈说她儿子每天七点多就做完所有作业了"。再如"宝贝，今天收到你帮妈妈做的贺卡，妈妈心里特别温暖，你真是一个会感恩的好孩子"，而不是明明心里很高兴却非要说，"你也不用做这些没用的，你什么都不用管，只要一门心思好好学习，取得好成绩，妈妈比得到什么礼物都高兴"。孩子考了一百分回来，你可以客观地总结一下，比如："这次能考满分，我感觉跟你最近学习积极性提高关系很大，还有你最近跟同桌在竞争学习，真是立竿见影，来，妈妈采访一下你，请问你考满分的经验是什么？"这样孩子就会在体验成就感的快乐基础上主动去总结如何做得更好，而不是像有些妈妈常说的"别翘尾巴，这次碰巧满分，瞎猫碰到死耗子，下次不一定怎么样"，或者"人家谁谁次次都是满分……"，或者貌似鼓励实则打击的"嗯，不错，希望以后每次都能考满分"。本来孩子很高兴，想让你跟他一起分享小小成功的喜悦，这是一次很好的鼓励孩子、拉近亲子关系的机会，就是因为家长不会好好说话，结果反而打击了孩子的上进心。

有个孩子妈妈说，"是啊，我们那个儿子就愿意听夸奖，谁有闲工夫天天去夸他啊，也得有值得夸的东西啊"。这样的妈妈未免太粗心了，这时对待自己的孩子都没有耐心，将来孩子出现问题岂不是更麻烦。人类都有得到别人肯定的欲望，孩子更是这样，经常听到夸奖就会表现得更好，呈现良性循环，妈妈有话好好说，会让孩子受益良多。

享受孩子的反哺

假期在朋友家打牌，不管谁的电话响，大家都不耐烦地催促，快挂快挂，长话短说。

朋友母亲住在疗养院，她每天晚上去看望。还不到去探望的时间，那个老母亲一会儿来了两个电话，要吃萨其马，要吃糖醋鱼。大家都不说话，面带微笑听着。朋友像哄小孩一样答应着她母亲。

挂了电话，我说："真幸福啊，他们能健在，且能让我们有机会尽孝，这是多么大的福气啊。"当年我们对他们请求的话几十年后他们能对我们重复一遍，这是多么浪漫唯美的一件事啊。

我最喜欢妈妈问我要什么东西，说明她把我当作依靠了，我喜欢这种幸福的感觉。

孩子对我们也是一样的，我们要教给他学会疼爱自己的妈妈，不要在他忘了我们的生日时独自黯然神伤。不要像以前的妈妈们永远将筷子夹向鱼骨头，以至于在孩子理所当然地说"妈妈只爱吃鱼骨头"时满脸苦笑。

只是一味地付出，寄希望于他长大后突然懂事会知道疼你，这是很被动消极的，你该告诉他你也需要爱。不仅仅是要自己付出的有回报，而是教给他学会去爱别人，尤其是爱自己在乎的人，不要让他有"子欲养而亲不待"的痛苦。

我们家买了什么好东西吃都会平分，在乖乖特别喜欢吃的时候我们会不约而同地将自己的一份让给她，并且教育他先让老人吃，因为她将来还有的是机会去吃各种新奇的食品，而老人的机会越来越少了。乖乖的爷爷奶奶是只要孙女喜欢吃的东西碰也不碰，我没法说服他们，只能教育乖乖，让她学会感恩，学会回报。

乖乖吃东西前都养成了先让老人的习惯，老人尽管不说，她也慢慢留意总结了爷爷奶奶爱吃的东西，只要遇到就给他们留着。有一年六一儿童节，乖乖大概十岁吧，外婆带她到商店里去，让她挑自己喜欢的东西，她还推让了一下说自己什么也不缺，外婆说自己家人不用客气，想要什么外婆给你买。她看了一圈挑了一包大白兔的奶糖，说："我奶奶喜欢吃这个，就买这个吧。"外婆后来欣慰地给我说："真是个好孩子，她奶奶真没白疼她！"

有时候买回来的零食有好几种，我会问她喜欢哪一种，她往往先问我喜欢哪种。后来久了我才意识到，只要我说喜欢的，她肯定不选，她都让妈妈先挑。我心疼地对她说："乖乖你这样想着妈妈，妈妈很高兴，但是咱们的生活条件尚允许咱们去买一些咱们喜欢吃的东西，你不用这样压抑自己。"她笑笑说："我没压抑啊。"

因为乖巧，她高中教化学的董老师，一个很美丽和善的女老师，很喜欢她，有时给她两块巧克力，她不舍得吃，带回来给妈妈吃。晚饭带的有好吃的水果她也喜欢跑去跟董老师分享。

我身体比较弱，小毛病不断，天天不是这里疼就是那里疼。

乖乖小时候跟妈妈同床睡时，有时候睡前我唠叨句头痛，乖乖睡到半夜翻身时会用小手摸摸妈妈的头含混不清地问一句："妈妈头还痛吗？"再转身睡去。她很快睡着了，我在寂静的夜里却思绪涌动不能平静，抱着这样善良可爱的孩子，做妈妈的怎么能不知足呢。

在乖乖很小的时候我就给自己定位：做她的好朋友，不摆家长的架子，有什么心事向她诉说，让她自然接受成人世界里各种真实。

所以跟周围人有了不愉快我会向她诉说，工作上有了压力也会告诉她，演讲得了第一会跟她一起分享经验，讲课比赛没有拿到好名次也会抱着她痛哭一场再一起总结教训。乖乖读的书多而杂，这也给了她与外表及实际年龄不相符的成熟，她考虑问题有时比我还要周到。

有一次一个朋友告诉我另一个朋友对我颇有微词，我自问一向对她关爱有加，却落了不是，心中不免愤愤不平，回家给乖乖诉说了一番。她开导我："你问心无愧不就行了吗？她不在乎你你就不用在乎她了。你那个传话的朋友你也要小心疏远些啊，能传别人的话就能传你的话，她告诉你这些话对谁有好处啊？"

这番话还真让我思索了良久，不由汗颜，我四十岁了还不如一个十二岁孩子的见识。

我想说的就是娘俩有时候不妨换换角色，让她也学会爱你、关照你、开导你，而你试着去做那个撒娇享受的女儿。不用一味地付出，让母女之间的感情互动起来，让她知道你也离不开她，这样被重视的感觉比你永远把她当作不懂事的孩子要强得多。男孩子更是要从小告诉他妈妈有一些体力上的弱势，需要他这个小男子汉的帮助。为什么寒门多孝子？就是孩子从小感受到了肩上沉甸甸的责任，这让他们有了被依赖、被重视的感觉，不用再有心思去外面胡闹以获得心理满足。

安心地享受孩子的反哺吧，教他学会温暖妈妈，做个真正贴心的小棉袄。

谁说事业家庭不能兼顾

经常听到有女人对丈夫和孩子抱怨："我为你们耗费了最好的年华，天天伺候你们吃喝，现在不过唠叨几句，你们就烦了。嫌我是黄脸婆，我这样全是你们造成的，谁不想享受啊，不是为了让你们生活得舒服我犯得着这么舍不得吃舍不得穿吗？！"

这种把自己选择的生活方式造成的后果强加到别人身上的举动一点都不令人同情。

丈夫孩子对你来说很重要，但不是你生活的全部，你不是他们的保姆，你不用没有限度地无休止付出。适当地让他们伺候伺候你，在一个家庭里互相关爱才是正常的。

我们抛去极端的大富大贵和贫困交加不说，一般工薪阶层的家务活是差不多的，为什么有人天天劳作累得没有精力管孩子也未见工作上有什么成就，有人就可以游刃有余地做好事业和家庭间的平衡？

永远不要对孩子说："我为你放弃了什么什么，要不我今天早不是现在这个样子了。"你为孩子做这些的同时，也是在过自己的生活，也在享受着天伦之乐带给你的甜蜜，为孩子放弃什么而导致生活没有按照自己预期目标发展纯粹是个华美的借口，还给孩子带来了不该他承受的压力。你之所以放弃了事业去照顾家庭，那只能说你本来就是个事业心不强的女人，如果你想兼顾的话你完全可以，不过是做得游刃有余还是更加辛苦而已。

现实生活中经常看到嘴里说没时间学习或锻炼身体的妈妈们窝在家里整晚地看电视，当然如果你享受这种状态，认为这是幸福满足的话，这不失为一种简单快乐的生活方式，如果你希望自己的孩子也这样知足的话。

但是也不用走向另一个极端，挑战自己的能力极限。

博士毕业的聚餐会上，一位长我两岁的师姐在酒后失声痛哭，拉着我手给我细数她的辛苦：每天天不亮就去实验室，没有休过一个周末，孩子从小就是爸爸带起来的，别人博士上三年她上了五年，只是因为发表不出规定的文章。我真是骇然加恻然，做得这么辛苦，为什么不放下？辛苦做五年还发不了一篇文章说明本身就不适合做科研。人都有不同的天赋，这里不行可以走那里，为什么非一条路走到黑呢？关键是她有个好工作，完全可以在工作之余做个合格的尽职尽责的好妈妈，为什么牺牲了自己最重要的角色去品尝撞到南墙的痛苦呢？成功并不是你一厢情愿地坚韧拼搏就能得到的，一定要根据自己的特长做好人生规划，这样才能让你有精力和兴趣去从事你的事业。

我考研时孩子一岁，当时决定弃文从理也是考虑不能离开孩子。但是这是自己的决定，不能让孩子来领情，照顾孩子是做妈妈的义务。那个过程是比较艰难的，我从初中化学课本看起，在跟乖乖玩游戏时放英语听力训练，在她看书时背政治，利用每个小零碎时间完成当天的复习计划。一般都是跟乖乖同步作息，考研、考博我都没有熬过夜，都是在上班、带孩子的空余完成的，现在回头看看反而觉得很充实。

只要安排得当，提高效率，妈妈是可以兼顾事业和家庭的。关键在于你自己的选择，孰轻孰重，这都是自己的生活，永远不要以孩子为借口原谅自己的懒惰。

从问题女儿到乖乖女的妈妈——关于我自己

我是个很幸运的人，从童年开始就遇到各种"贵人"，让我做到了我想做的任何事情。

中学时代我张扬着那个年代很少有的个性，初中逃课、看小说、跟老师作对，高中与志同道合的同学赋诗填词、办文学社、出报纸。高考没考好是意料中的事，我高三的计划是把金庸和琼瑶全部重温一遍，高考成绩居然是超常发挥，我这个一直在十几名逛荡的学生居然考了前十名，然而我们那一届的高三一直也太逍遥了，以前闻名当地的泰山中学文科从我们这一级开始一落千丈。不过现在同学聚会回忆我们当年的年少轻狂、挥斥方遒居然没有人后悔。高考成绩下来后，我去复读了几天，一直坐在最后一排看小说，同我一起落榜的团支书和学习委员都找我谈话，为我吊儿郎当的态度痛心，苦口婆心地劝我珍惜这得之不易的一年，可是我看到仅比我高一分的同学夫了天津外国语学院，心里极不平衡。父母对我的学习、事业和爱情婚姻一直持民主的态度，只要我喜欢就不干涉。然而那时年少轻狂，一门心思要学文学、当作家的我，又怎么知道高考不是风花雪月，应当报上提前招考的"外兼文"给自己多一条路。所以我破罐子破摔，变本加厉地看小说，直到收到中专的录取通知书。我在众多难兄难弟们"不要啊，不要去啊"的劝阻声中毅然决然地离开了待了几天的复读班，我不想难为自己，我不喜欢那种氛围。

我现在告诫学生要好好学习，看他们调皮捣蛋时却只有微笑，因为当年的我又何尝不是这样不知天高地厚地过来的。中专的学校里张扬了青春该张扬的一切，参加学生会、演讲、看小说、写文章、弹吉他、唱歌、跳舞、看电影、旅游、谈恋爱、五个人义结金兰，唯独没有做的就是学习，一直到现在回过头去，我都想不起学过什么专业知识，因为不是我喜爱的文学。

我从小的愿望是当个老师，后来又想当记者，然而在高中时看了琼瑶的《燃烧吧！火鸟》，嫣然和安骋远在图书馆相遇的一幕打动了我，我想能在安静的图书馆里看一辈子书这该是多么幸福的一件事啊。我很幸运，中专毕业后分到大学图书馆做了一名管理员，并在那里初遇了丈夫。工作后，邻居约我一起参加自学考试，也许是因为我喜欢的文学，我一边酣畅淋漓地读着近水楼台的藏书，一边一路顺风地通过了专科、本科的考试。这时有一个在同一所大学里教书的同事找到我，她也是性情中人，只是在校园里见过几次，她就找到图书馆来对我说，"你不能在这里待一辈子，你不是这样的人，你去考研"。那时考研对我来说是天方夜谭，我从没想过走这样一条学术的路，我的愿望就是有一份悠闲的工作，然后在闲暇里写写文章。很巧过几天又遇到她，她再次给予了我鼓励和肯定。我很感激她怎么会那么执着地去找并不是很熟悉的我并说服我，那时甚至有些"交浅言深"的感觉，一直到现在与她都是淡如水的君子之交，但我心中对她的感激绝不是天天一起逛街谈笑所能替代的。她自己也是从一个大专毕业的实验员考研、考博转到教师系列，并做出了很突出的专业成绩。

我当时茫然地想，也许真的该做点什么事情，因为图书馆的工作确实很悠闲。

于是就决定考研，而那时说实话不像现在有这么壮观的考研大军，我还清楚地记得被一个男同事笑话："考研？就你？！"

在考试的前一个月丈夫托人找到了我，我被他的各种浪漫攻势弄得晕头转向，小说中的各种情节发生在现实生活中确实让女孩子心动，尤其是对我这种天天生活在幻想中的人。有时候想起来，埋怨他那时候也没给我花钱，他振振有词地说："我花心思了！"想想也是，现在想起他的种种举动也是满心感动的幸福。那时候没有手机，他冬天站在传达室的门口给我打电话到半夜；我生日的时候深夜爬上窗前的树系满五颜六色的气球，然后在清晨打电话让我打开窗帘，听我的惊呼，弄得楼下的邻居到现在见面还打趣我，说深更半夜她听到窗外窸窸窣窣以为有小偷；父母要求九点之前必须回家，约会卡着钟点回家的我飞快冲到窗前，不敢大声说话，冲着窗下的他挥手，昏暗的夜里他的白衬衫隐约着，听他小声地一遍遍呼唤我的名字，"阿多，阿多，阿多……我爱你"；看他为了我去读古诗、学吉他、写日记，每次分手时都是依依不舍，一遍遍地说"再见，再见"，再跑回去紧紧拥抱，到最后就真的想跟这个人结婚，因为想时时看到他，再也不分离，想到要跟他生活在一个屋檐下，柴米油盐终生不悔。我这种多愁善感的性格大概也只有他一个人能忍受吧，年近五十的女人为各种小事落泪，难为他锻炼得能随时随地地用不重样的言语哄我，即使现实生活中有种种小毛病，想到他一直这样宽容地呵护我，也是幸福。

第一次考研如他所愿没有成功，他当然不希望我去外地求学让他没有安全感。我们顺利地结婚生子，在生下乖乖的当天，他收到了研究生录取通知书。我全身心地从胎教开始培养乖乖，看她八个月识字，一岁自由阅读，这种成就感是世界上任何别的事都不能代替的。乖乖一岁多时我开始准备考研，小小的她跟我并坐在床前看各自的书，为了她我不去想自己喜欢的文学专业，考上了食品专业的研究生。毕业后我调到了教师系列，这终是心中的一个梦，当我站在讲台上时，我才知道自己有多么爱这个职业。

我认为这样的生活就可以了，还是那位同事找到了我，她说你应该考博士，你有这个能力。于是我考了，博士的三年其实真的很轻松，我没有耽误什么事，顺利地完成实验，顺利地发表论文，也许是因为随着年龄的增长我能更游刃有余地生活了，还有一点就是我比较讲究学习方法，讲究事半功倍。看到毕业时有上了五年博士的同学说到自己从没带孩子出去玩过，每天工作到深夜，兼顾事业、学业、家庭很艰难等，我很难有共鸣。这也更加提醒我，女人一定要学会享受生活中的小乐趣，才不会体会到太大的压力。

第一次去美国访学也是有个女同事出国前找到我，建议我出去看看，我想也不错，恰好遇到了美国的合作教授，试着申请一下，居然很顺利地通过了签证。

去英国也是在学校提倡青年教师国际化的环境下，顺利申请成功。

我真的很幸运，遇到了好多关心我的人，在人生的每个路口指引了我，让我顺利地做出了选择，并不断前行着。

现在想来，大概从自己少女时期就开始准备写这本书，那时的想法是将来我希望有个女儿，我要把自己成长中的心路历程一一告诉她，让她少走弯路，多享受生活的快乐。我自己经历了从问题少女到为人师表的转变，深深了解作为女儿或者说作为一个很叛逆的女儿的所思所想，而乖乖是在我吸取自己经验教训的基础上培养出的阳光快乐成长的乖乖女，所谓"知女莫若母"，我也了解她的成长历程。作为一个比较感性的老师，我跟自己的好多学生都是好朋友，许多学生喜欢跟我谈心里话，我知道当代大学生的真实想法。这一切都促使我下决心写这本书，把自己的经验教训奉献出来与大家共享，愿更多的妈妈能从这本书里学到哪怕只是一点实用的母子相处技巧或教育孩子的心得，也算是我心愿得偿。

总之真的没有后悔过，如果一切重来的话，我大概也没有别的选择。我一直满足着当下的生活，憧憬着以后的日子，好像从没想回到过去。经常对学生说年轻的时候一个是好好学习，一个是好好享受，不要将来后悔我当年没做什么，让青春无悔，让生活也无悔。

下面这篇文章是几年前我发表在校报上的一篇文章，编到这本书里，希望能给妈妈们一点启发。

母亲给我一双隐形的翅膀

十年前，母亲被发现患有甲状腺癌，在做了切除手术后的几年又经历了胸膜炎、青光眼手术。当去年她被查出胃癌晚期时，我真的感觉天要塌下来了。我一直记得她手术出来的当夜，病房中清冷的月光下，别人都睡了，我不敢闭眼，一遍遍按摩她的身体，任眼泪无声地恣肆纵流。我害怕母亲就这样去了，不再给我机会让我这样尽孝床前。但是我坚强乐观的母亲终于在父亲的鼓励下很快恢复了健康，回到了往日正常的生活。日前不久她又被发现乳腺癌时，我们全家已都能以积极向上的心态齐心协力地对待这次生活的挑战。

母亲的生活哲学是"车到山前必有路"。几次大手术，深知母亲性格的父亲都自始至终让她了解自己的全部病情。母亲从没有流露出一丝一毫的悲观绝望，她坦然地面对每一次病魔，全家人在父亲的影响下，做好最坏的打算，往最好处努力。母亲说："我已完成了应该承担的责任和义务，即使现在走了也毫无遗憾。能多活几年就是白得的。"她常说，"人生不如意者十之八九"，而我们现在能够生活得美满幸福真的该知足。她从未让我们费心去劝解她，相反却身体力行地让我们知道该如何去笑着面对生活的磨难。

由于体谅孩子工作等各方面的原因，母亲的几次手术都没让外地的两个姐姐及时知道。母亲术后大小便难以控制，我值夜时几乎一小时就要给她端一次屎尿。这时心里不仅毫无怨言，还充满了对母亲无言的感激。我想到自己小的时候母亲也是这样一把屎一把尿地拉扯我，现在我能有机会反哺，比起那些不能尽孝父母床前而终生痛悔的儿女，我多么感谢上苍的恩赐啊。而我的两个姐姐也是竭尽所能地表达孝心。在这方面，母亲给了我们几十年如一日的言传身教：母亲兄弟姐妹五人，但外公外婆却都是由父亲母亲养老送终。母亲常说，在行孝方面，我从不攀比，我只当父母只生了我一个孩子。"只当父母只生了我一个孩子"，抱着这种信念，我们姊妹三人从未因为谁付出了多少闹过矛盾。

母亲教我如何经营婚姻，她说婚姻更多的是两个人的付出，而不能只是索取。这一点深深体现在父母六十年从未脸红、争吵过的婚姻生活中。母亲说，是人就会有脾气，但是当你爱对方、不想让对方生气时你就会控制自己。父母有一方情绪不对头，另一方定会低声敛气，不存在谁压倒谁的想法。六十年来，父母相濡以沫，在种种酸甜苦辣的环境中不离不弃，相互鼓励着完成了长子、长女应尽的义务，赡养老人，教育子女。退休后他们更是自得其乐于他们精彩充实的老年生活。清晨跑山，一起练书法、下棋、打扑克，每天下午父亲还用酒给母亲按摩一小时的老寒腿。当远远看着两个老人携手过马路时，我深深体会到了母亲"毫无遗憾"的含义。

天下的父母都认为自己的孩子很聪明，而我的母亲也不例外。我年少时沉溺于小说，不愿学习，高考时宁愿去个自己不喜欢的中专也不想复读。对此，母亲从未放弃过希望，她总说："孩子，你行！"工作后，我突然醒悟了，在父母的鼓励下，我通过了自学考试的专科、本科，通过了硕士、博士的考试。

为了不让女儿的童年缺少母爱，我把自己喜欢的文学专业转成了理工科，这对我而言是个艰难的、一言难尽的过程。我的很多同事、老师、朋友给予了我大力的精神鼓励与支持，但是偶然也会遇到前所未料的讽刺挖苦与瞧不起。当敏感的我受到打击感觉自己一无是处时，是母亲教我学会"尺有所短，寸有所长"，正视自己的优缺点，化不利为动力，不仅是学会如何取长补短，更教我通过别人对我的态度学会如何去为人处世。母亲教会我如何无愧于社会、无愧于家庭、无愧于自己，如何精彩地演绎自己的每个角色，更好地为人女、为人媳、为人母、为人妻；让我知道锻炼身体、热爱生活，在珍爱自己的同时关爱他人，从一个娇生惯养、没有走出过校门的小姑娘成长为真正自信、自强、自立的女人。

母亲给了我一双隐形的翅膀，我要用它在未来的广阔天地中自由翱翔。

感谢母亲，愿母亲平安，愿天下所有的母亲平安！

后记

关于如何做一个好妈妈，我总结了一下大方向上就是四个字，也是我们中国最短的一副对联"色难，容易"。"色难"，是孔子论孝道时提出的子女对父母和颜悦色很难，用于亲子关系上，妈妈能够始终和颜悦色地对待孩子也一样很难，推而广之，到所有的社会关系，都是一样的，能够对周围的人都和颜悦色是很难得的教养。"容易"中的"容"有容纳的意思，我们应该学会包容自己的孩子，"易"是改变的意思，我们应该学会改变自己。如果能按照这副对联去做，不仅亲子关系，所有的社会关系都会非常融洽。

说到具体的方法，我也总结了从头到脚的几个方面。

一、脑

始终把握一个基本原则就是我有做好妈妈的意愿，具体到细节就是你给孩子说的每一句话、每一件事都要思考这对他有什么影响，也就是始终保持理智。

一、眼

看到孩子的优点，帮助孩子充分发挥优势。同时看到孩子的短板，有意识地助他取长补短。

三、脸

养成面带微笑的习惯，让孩子体会到妈妈的温柔，能够感觉如沐春风，也就是前面提到的"色难"。

四、嘴

多与孩子交流，真诚地肯定孩子，善于表达感情。

五、手

多拥抱、抚摸孩子，多跟孩子牵手，带领孩子去做家务，养成他热爱劳动、热爱生活的习惯。

六、脚

培养孩子走万里路的信心，养成爱运动的生活习惯，从而让他能够决定自己一生的路该怎么走。

关于孩子的教育很难有一定之规，因为每个个体是不同的，我在这里写出的也只是一孔之见，也做好了其他妈妈提出不同见解的准备。正如我在开篇写到的，想让每个妈妈都无愧于这个称呼，想让每个女儿都爱戴敬佩自己的妈妈，为达到这个目的，我在尽自己的绵薄之力，送你一朵小小的玫瑰。

我相信许多妈妈在培养女儿成人的过程中都会有许多独到的经验，希望你也送出心中的玫瑰，让我们都能沉浸于这满园的芬芳。